切ったパーツを貼り合わせて
かんたんにできる

切り紙でつくる
花のくす玉

大原まゆみ
Ohara Mayumi

誠文堂新光社

 はじめに

感謝とやさしさがそのまま存在感に
つながる立体作品

真っ平らな折り紙から、空間の中で浮かび上がる立体が作れないものか、
というテーマで長年に渡り設計を続けてきた「くす玉」の傑作選集です。
第一に、部品の作りやすさ、
組み立て手順の規則正しさを重要と考えています。
第二に、普通の折り紙で作っても形が崩れない強度を保ちました。
第三に、花を主役としながら、お祝い、
季節の行事に飾るための美しさ、華やかさをデザインしました。
くす玉を漢字で表すと「久寿玉」と書きます。
いついつまでも幸せに、健康でと願いを
込めて作るものといえるのではないでしょうか。
シンプルに紙を切って、開いて作る切り紙とくらべると、
たくさんの部品を揃えたり、それを組んだりと、手間がかかる作品です。
でも、その手間には感謝とやさしさが込められていて、
そのまま仕上がりの存在感につながります。
お一人で作り上げることを軸に、ときには親子で、
また、お友達とのグループで、一つの作品を楽しく組み上げてください。
やわらかな風が、あなたの作品を揺らす窓辺を、
思い浮かべて、本書をあなたに贈ります。

大原まゆみ

切り紙でつくる花のくす玉  Contents

- 2　はじめに
- 10　**切り紙のきほん**
  - 10　紙について／ハサミとカッターの使い方
  - 11　折り筋のつけ方／接着剤について
  - 12　下書きと型紙の使い方について
  - 13　トレーシング・ペーパーを使う下書き
  - 14　紙を折ることについて
  - 15　花の作り方・くす玉に組むことのきほん
  - 16　花の芯の作り方
- 19　**紙の折り方**

26　A type
正6面体
- 01　リボンとハート　作品 **P.28**／型紙 **P.98**
- 02　春爛漫　作品 **P.29**／型紙 **P.99**
- 03　マーガレット　作品 **P.29**／型紙 **P.100**
- 04　飾り窓　作品 **P.30**／型紙 **P.101**
- 05　スノー・クリスタル　作品 **P.32**／型紙 **P.102**
- 06　小鳥と新緑　作品 **P.32**／型紙 **P.103**

34　B type
星型6角形・星型7角形
- 07　雪の星 6頂点　作品 **P.37**／型紙 **P.113**
- 08　雪の星 7頂点　作品 **P.37**／型紙 **P.113**
- 09　桜の星 6頂点　作品 **P.38**／型紙 **P.120-121**
- 10　桜の星 7頂点　作品 **P.38**／型紙 **P.120-121**
- 11　七夕飾り 6頂点　作品 **P.39**／型紙 **P.122-123**
- 12　七夕飾り 7頂点　作品 **P.39**／型紙 **P.122-123**
- 13　バラの星 6頂点　作品 **P.40**／型紙 **P.124-125**
- 14　バラの星 7頂点　作品 **P.40**／型紙 **P.124-125**
- 15　クリスマス飾り 6頂点　作品 **P.41**／型紙 **P.126-127**
- 16　クリスマス飾り 7頂点　作品 **P.41**／型紙 **P.126-127**

44　C type
凹型正8面体
- 17　バレンタイン・ハート　作品 **P.46**／型紙 **P.98**
- 18　ガーベラ　作品 **P.48**／型紙 **P.99**
- 19　ふわふわフラワー　作品 **P.49**／型紙 **P.100**
- 20　シルエットを楽しむブーケ　作品 **P.50**／型紙 **P.101**
- 21　ハロウィーン・パンプキン　作品 **P.51**／型紙 **P.102**
- 22　丸い花びらのブーケ　作品 **P.52**／型紙 **P.103**
- 23　とがった花びらのブーケ　作品 **P.52**／型紙 **P.104**
- 24　氷の花　作品 **P.53**／型紙 **P.105**

54　D type
星型正8面体
- 25　クリスタルのオブジェ　作品 **P.56**／型紙 **P.106**
- 26　母の日・ハートとカーネーション　作品 **P.56**／型紙 **P.107**
- 27　チョウのダンス　作品 **P.58**／型紙 **P.108**

- 28 子供の日・カブトとショウブ
  作品 **P.59**／型紙 **P.109**
- 29 小鳥と四つ葉のクローバー
  作品 **P.60**／型紙 **P.110**
- 30 モミジとドングリ
  作品 **P.61**／型紙 **P.111**

62 ミニ切り紙

- 31 花とハート
  作品 **P.63**／型紙 **P.104**
- 32 ペアの小鳥
  作品 **P.63**／型紙 **P.104**
- 33 咲き誇る花
  作品 **P.64**／型紙 **P.105**
- 34 揺れる若葉
  作品 **P.64**／型紙 **P.105**
- 35 ハートづくし
  作品 **P.64**／型紙 **P.106**
- 36 松竹梅
  作品 **P.64**／型紙 **P.106**
- 37 ハロウィーンのおばけ
  作品 **P.65**／型紙 **P.107**
- 38 雪だるまとブーツ
  作品 **P.65**／型紙 **P.107**
- 39 チョウと花
  作品 **P.65**／型紙 **P.108**
- 40 ティアラ
  作品 **P.65**／型紙 **P.108**

66 E type
凹型正12面体

- 41 花手まり
  作品 **P.68**／型紙 **P.120**
- 42 ハートのブーケ
  作品 **P.68**／型紙 **P.121**
- 43 トロピカル・フラワー
  作品 **P.69**／型紙 **P.122**
- 44 花のシルエット
  作品 **P.70**／型紙 **P.123**

- 45 お祝いの日・ハートのブーケ
  作品 **P.72**／型紙 **P.124**
- 46 母の日・カーネーション
  作品 **P.73**／型紙 **P.125**
- 47 よろこびの日・祝い梅
  作品 **P.74**／型紙 **P.126**
- 48 クリスタル・フラワー
  作品 **P.75**／型紙 **P.127**

78 F type
正12面体

- 49 レース模様の手まり
  作品 **P.81**／型紙 **P.114**
- 50 チューリップ
  作品 **P.81**／型紙 **P.115**
- 51 ヒマワリ
  作品 **P.82**／型紙 **P.116**
- 52 アサガオ
  作品 **P.84**／型紙 **P.117**
- 53 バラ
  作品 **P.85**／型紙 **P.118**
- 54 雪の花
  作品 **P.85**／型紙 **P.119**

88 G type
星型正12面体

- 55 ハートのダンス
  作品 **P.90**／型紙 **P.109**
- 56 アジサイ
  作品 **P.90**／型紙 **P.110**
- 57 葉っぱのシルエット
  作品 **P.91**／型紙 **P.111**
- 58 ダリア
  作品 **P.92**／型紙 **P.112**
- 59 そよ風と花
  作品 **P.94**／型紙 **P.112**
- 60 クリスマス キャンドルとベル
  作品 **P.95**／型紙 **P.113**

97 型紙集

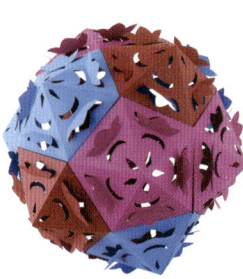

切り紙のきほん

紙について

どこにでも売られている150×150mmのサイズの紙で作ることを基準として、作品はデザイン、設計されています。折り紙には、片面のみ色がついたものと、表裏で違う色がついた「両面折り紙」があります。本書では、おもに両面同じ色がついた「タント紙」を使用しています。あなたのイメージに合わせて紙を選んでください。作品は色選びで大きく印象が変わります。色違いを作って、比べてみましょう。

● 紙の種類

折り紙と同じ150×150mmのサイズで、タントという紙のセットが市販されています。紙の厚み、ハリ、コシが本書の工作に適しています。

柄のついた紙や、包装紙、紙袋を開いたもの、雑誌や新聞のページを用紙として使ってもいいでしょう。柄がうるさいと、切り紙のデザインがわかりにくくなるので注意を。

ハサミとカッターの使い方

ハサミとカッターにはさまざまなデザイン、形がありますので、手の大きさにぴったり合い、しっかり持てるものを選びましょう。

ハサミの場合

POINT 1
ハサミは、刃の根元側で切ることが基本です。余計な力をかけず、きれいな線で切ることができます。

POINT 2
方向転換や角度をつけて切るときは、紙を回転させて、基本的にハサミはあまり動かさず、同じ向きで切りましょう。

POINT 3
紙を回転させると方向転換ができます。さらに鋭角を切るときは、ハサミを入れなおし、反対側から接点を目指して切ります。

カッターの場合

POINT 1
軽作業用カッター（写真上）は、人差し指で刃を上からおさえつけて持つのが基本です。細工用カッター（写真下）は、ペンで線を書くような感覚で切れます。

POINT 2
カッティング・マットを使い、まっすぐ縦方向に引くようにして切るのが基本です。絶対に刃の進む方向に、反対の手を置かないでください。

POINT 3
細工用カッターならば曲線もきれいに切れます。ここでも、手前に引いて切ることを基本として、紙の方向を変えながら切りましょう。

折り筋のつけ方

「折り筋」は紙を折る前に、あらかじめ紙につける折りクセとなる線のことです。

のりしろの折り返し、面と面の間の山折り、花びらなどの部分の折り起こしなどで、折り線に沿ってていねいに「折り筋」をつけてください。作品の仕上がりがまるで違ってきます。

竹串やピック（目打ち）でも同じ作業ができますが、ここではカッターの刃の背を使って説明します。

STEP 1

○で囲んだカッターの背の部分を紙にあてがって筋をつけます。

STEP 2

定規に沿わせて、紙の表面だけを切るようなつもりで、力を入れ過ぎずに引きます。

STEP 3

折り筋を使って折ると、きっちりきれいな折り目になります。紙に余計なしわもつきません。

接着剤について

紙の接着には木工用ボンドが便利です。接着力が強く、乾きも速い、さらに乾くと透明になるので、工作に適しています。のりしろのように面でしっかり接着する場合は両面テープが、角を合わせるといった左右に引っぱる力が強い部分にはホッチキスが接着に適しています。

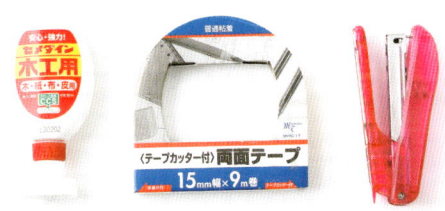

○で囲んだ部分に木工用ボンドを線状に塗りました。同じ形ののりしろの面を合わせて接着します。

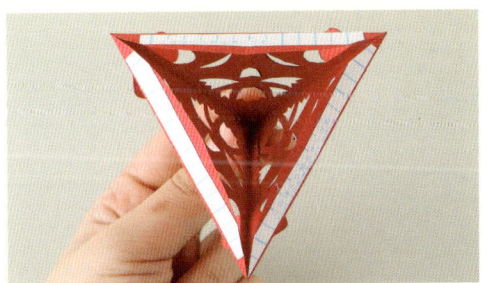

のりしろに両面テープをつけました。球体に仕上げる最後の部品は、同じ形ののりしろの面を合わせる作業がやりにくいため、木工用ボンドでは貼りにくくなります。そんなときは接すればくっつく両面テープが便利です。

下書きと型紙の使い方について

P.19から紹介している「紙の折り方」では、紙をたたみ終えると下書きをする面が現れ、それらはすべて用紙の裏面が上になります。

下書きは紙の裏に書き、デザインを切って開いた後に、表が上になるように返すことを覚えておいてください。この手順によって、下書きの線を消す必要がなくなり、仕上がりで下書きの線が見えることや、下書き線を消しゴムで消す作業での作品の破損も防げます。

型紙を使うと、下書きをする作業が不要になります。
本書では、すべての作品で、型紙として使える図面をP.97から掲載しています。
そのままコピーして使うと、150×150㎜の紙のサイズにぴったり合って、見本写真と同じ大きさに仕上がります。
また、縮小コピーや拡大コピーを使って、好きなサイズの作品づくりを楽しむのもいいでしょう。

●型紙をコピーして使う場合

POINT 1
紙の大きさに合わせて、型紙のコピーをとります。

POINT 2
きっちり形を合わせて、重ねましょう。

POINT 3
切り落とす不要な部分をホッチキスでとめると、紙がずれずに切れます。

POINT 4
型紙もいっしょに切ります。下書きをせず作品が作れます。

●カーボン紙を使う場合

カーボン紙を型紙と用紙の間にはさんで、デザインを書き写します。
※カーボン紙＝書類の間にはさみ、複写を行うために用いる感圧紙。ススやロウ、油などを耐久性のある紙にしみ込ませてある。一般的な外見は黒。

トレーシング・ペーパーを使う下書き

本書の作品は、6〜12の部品を作ってから、それらを立体に組み上げます。型紙を何回かコピーして、必要な部品の個数と同じだけの型紙を用意することが一番簡単な作り方になりますが、ここではトレーシング・ペーパーを使った下書きの方法を紹介します。

本の型紙ページの上にトレーシング・ペーパーを重ねて、デザインや用紙の縁をなぞり書きします。

型紙をなぞって書き終えました。これを裏返します。

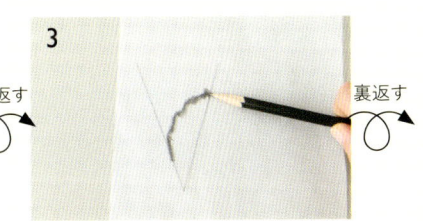

2で書いた線に沿って、裏からやわらかい芯の鉛筆（2Bくらい）を倒してなぞり、黒鉛をつけます。できたら、裏返します。

折りたたんだ用紙に、トレーシング・ペーパーのデザイン、縁の線を合わせます。

切り紙のデザイン線を、鉛筆でなぞります。この作業を必要な部品の個数と同じ回数、繰り返します。

コピーを取ることなく、正確にデザインを下書きすることができました。

紙を折ることについて

● 谷折りと山折り

作り方の手順解説の中で、たびたび出てくる言葉です。紙の折り方について、違う表示の線と矢印で示しますので、確認して、正確に手順解説を読み取ってください。

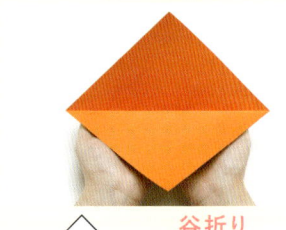

谷折り
折り筋が谷状に奥まって折り上がります。図では、短い幅の破線で示します。

山折り
折り筋が前に飛び出てきて、山状に折り上がります。図では、長短の幅を組み合わせた破線で示します。

● へらは便利

手でていねいに折った紙の折り筋をへらでおさえてみましょう。きれいな線で折りあがるだけでなく、作品が仕上がったときに、全体の形がしっかり整います。

● 紙をきれいに折るコツ

1. 谷折りをする手順で、紙をきれいに折るコツを紹介します。図は、対角線で紙を半分の面積の三角形に折ることを指示しています。

2. 角と角を合わせて、ここではまだ紙を折らないで、丸めるだけにしておきます。

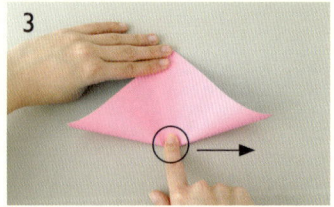

3. ○で囲んだ部分を人差し指でおさえて、その指を右にずらして進めます。

4. 人差し指を三角形の右角まで進めて、右半分が折れました。

5. 再び、真ん中の○で囲んだ部分を人差し指でおさえて、今度はその指を左にずらして進めます。

6. 人差し指を三角形の左角まで進めて、左半分が折れました。このようにていねいに折ることで、紙が上下でずれたり、折る位置があいまいになることが防げます。

花の作り方・くす玉に組むことのきほん

1

切り紙を切って開きました。下書きが裏になるように、表を上にしています。

2

花びらの中で、部分的に折り起こす箇所がある場合は、先にここで折りクセをしっかりつけておきます。

3
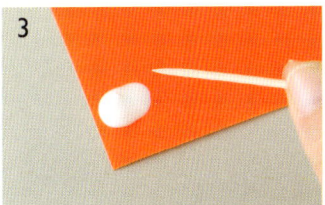
木工用ボンドを紙片に出しました。ここからつまようじで少量をすくい取り、接着部分に塗ります。

4

花びらを寄せて重ねて貼ることで、お椀の形状の花を作ります。重ねるところに少量の木工用ボンドを塗ります。

5

作品の完成見本写真をよく見て、重ね具合を調節して、花びらどうしを接着します。

6

花びらを寄せて重ねて、接着剤で貼った部分を30秒ほど指でつまんで乾燥を促します。

7

4〜6の手順を繰り返して、時計回りで花びらをくっつけていきます。

8

できあがった花と花をくっつけます。○で囲んだ部分に少量の木工用ボンドを、つまようじで塗りました。

9

接着剤で貼った部分を30秒ほど指でつまんで乾燥を促します。

10

ここでは、○で囲んだ2点に少量の木工用ボンドを、つまようじで塗りました。

11

接着剤で貼った部分の2か所を30秒ほど指でつまんで乾燥を促します。

12

つぎつぎに貼り合わせていくと、しだいに多面体へと仕上がっていきます。

花の芯の作り方

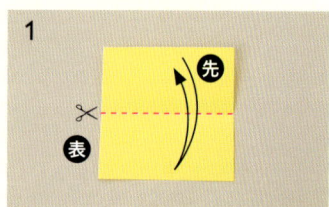

1. 紙を半分に折って、折り筋をつけて開きます。この折り筋で紙を半分に切り分けましょう。

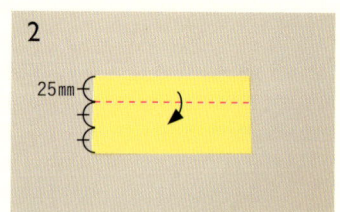

2. 上から25mm（天地の1/3）のところで谷折りします。

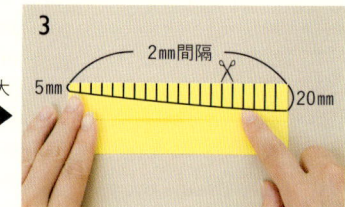

3. 左角は上から5mm、右角は上から20mmの点を結ぶ線を薄く書き込み、それを目安にして2mm間隔の切り込みを入れます。

4. 切り込みを入れたようすです。

5. 細く丸い棒（ここではお箸）に巻きつけて、円柱にします。

6. 巻いた最後のところで接着します。ここでは両面テープを使いましょう。乾く時間を待たずにしっかりくっつきます。

7. 切り込みを使って、先を広げます。

8. 花のボリュームに適した長さに花の芯を切り、芯の断面にたっぷり接着剤をつけます。

9. 花の中心に、芯を接着します。

18 Cutting paper

紙の折り方

切り紙の部品を作り始める前に、紙を折りたたんで準備をします。その種類は4種類です。
すべての折り方で、用紙の裏に下書きができるように折り上がります。
いくつか折っているうちに、自然と手順は覚えてしまうはずです。一旦折り方を覚えてしまえば、作品を作る時間をかなり短縮できるでしょう。

折り方1

Aタイプ・Gタイプの作品で用います。

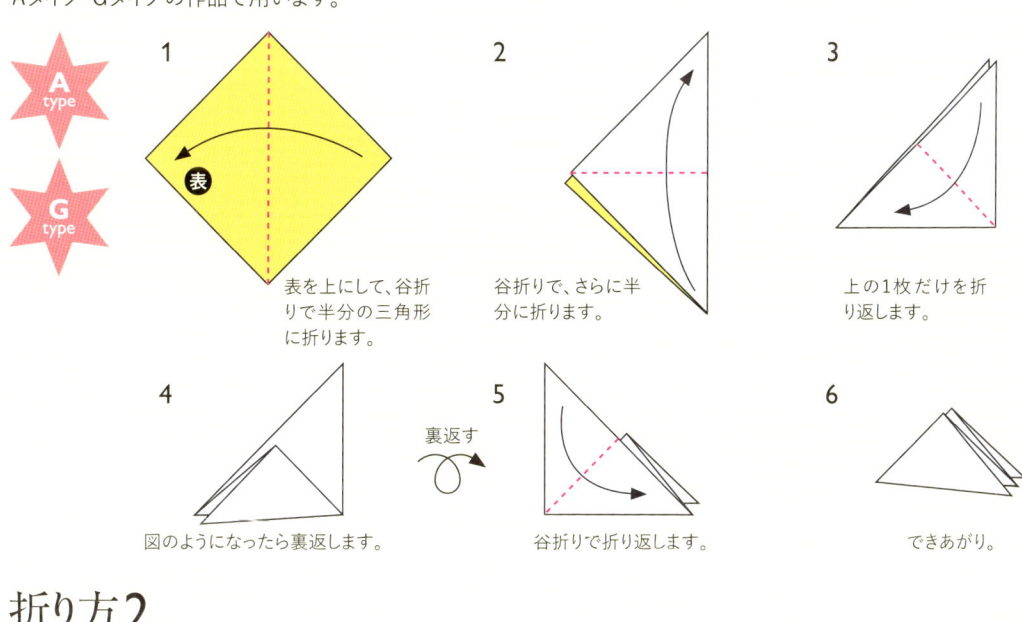

折り方2

ミニ切り紙の作品で用います。

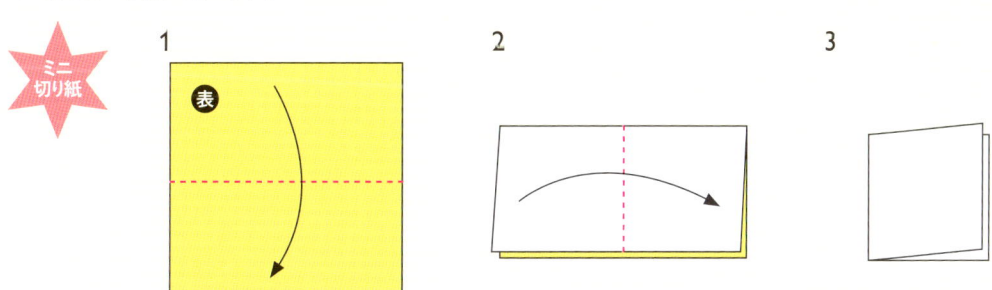

折り方3

Cタイプ・Fタイプの作品で用います。

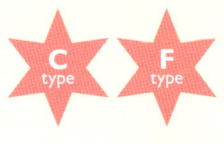

1
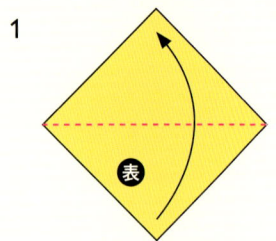

紙の表を上にして、谷折りで半分の三角形に折ります。

2
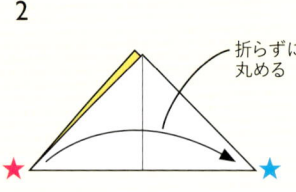

きっちり正確に折るために、印をつけていきます。折り目はつけず、★と★を合わせます。

3
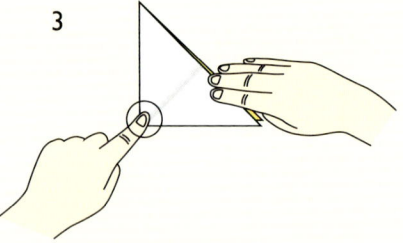

○で囲んだ所だけを指でおさえて、印をつけて開きます。

4

3を写真で見ています。

5
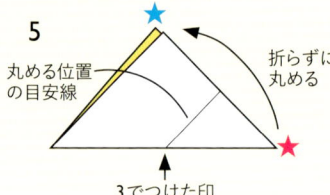

折り目はつけず、★と★を合わせます。

6
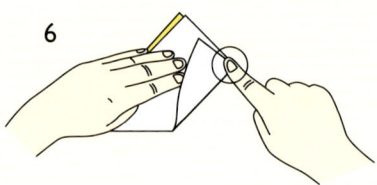

○で囲んだ所だけを指でおさえて、印をつけて開きます。

7

6を写真で見ています。

8
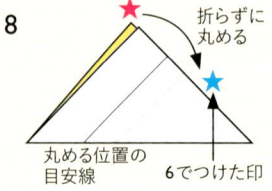

折り目はつけず、★と★（6でつけた印）を合わせます。

9
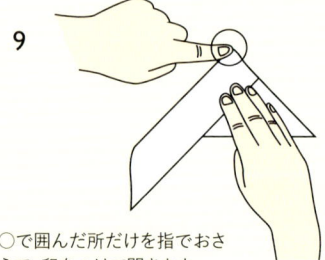

○で囲んだ所だけを指でおさえて、印をつけて開きます。

20　Cutting paper

10

9を写真で見ています。

11

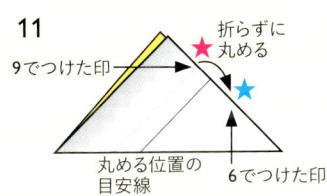

9でつけた印
折らずに丸める
丸める位置の目安線
6でつけた印

折り目はつけず、★(9でつけた印)と★(6でつけた印)を合わせます。

12

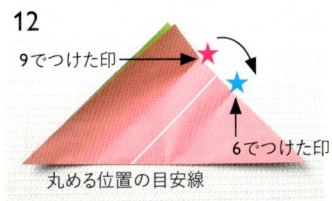

9でつけた印
6でつけた印
丸める位置の目安線

11を写真で見ています。

13

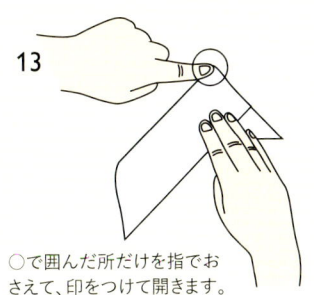

○で囲んだ所だけを指でおさえて、印をつけて開きます。

14

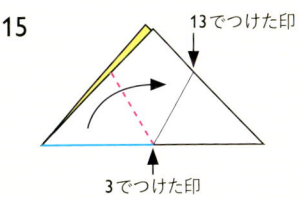

13を写真で見ています。

15

13でつけた印
3でつけた印

3と13でつけた印を結んだ線（――）に、――で示した左側の底辺を合わせて折ります。

16

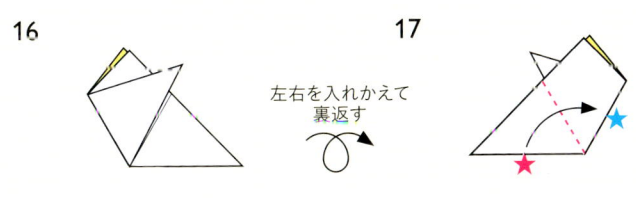

図のようになったら、裏返します。

17

左右を入れかえて裏返す

★と★の辺を合わせて折ります。

18

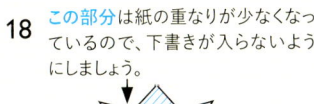

この部分は紙の重なりが少なくなっているので、下書きが入らないようにしましょう。

できあがり。

折り方4

Dタイプ・Eタイプの作品で用います。

1
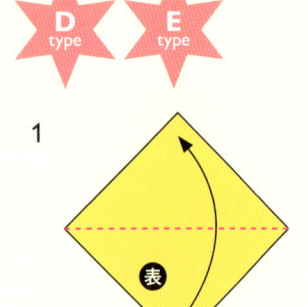
紙の表を上にして、谷折りで半分の三角形に折ります。

2
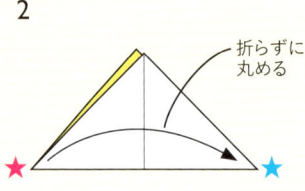
きっちり正確に折るために、印をつけていきます。折り目はつけず、★と☆を合わせます。

3
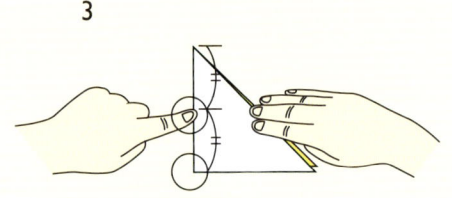
○で囲んだ2ヵ所だけを指でおさえて、印をつけて開きます。

4
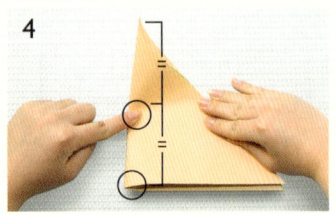
3を写真で見ています。

5
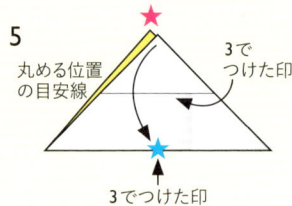
折り目はつけず、★と☆を合わせます。

6
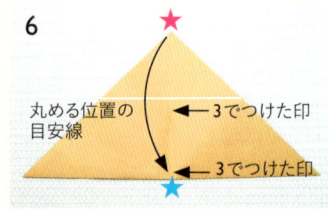
5を写真で見ています。

7
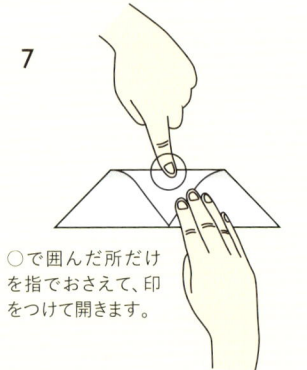
○で囲んだ所だけを指でおさえて、印をつけて開きます。

8

7を写真で見ています。

9
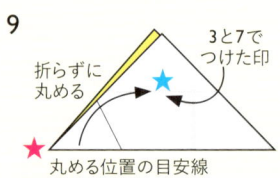
折り目はつけず、3と7でつけた真ん中の十字の印☆に、★の角を合わせます。

10
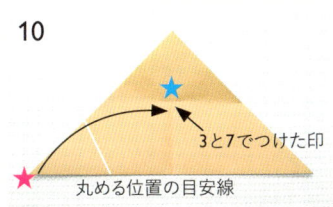
9を写真で見ています。

11
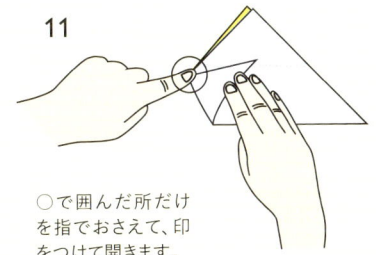
○で囲んだ所だけを指でおさえて、印をつけて開きます。

12

11を写真で見ています。

14
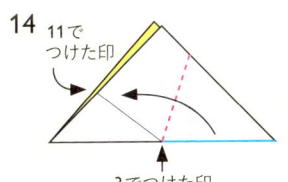
3と11でつけた印を結んだ線（──）に ── で示した左側の底辺を合わせて折ります。

15

★と★の辺を合わせて折ります。

16
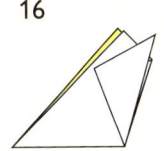
図のようになったら、裏返します。

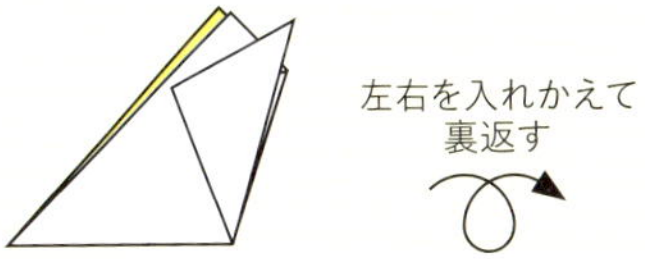

17
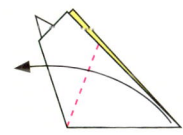
裏の折り目に合わせて、左へ折ります。

18

★と★の辺を合わせて折ります。

19

この部分は紙の重なりが少なくなっているので、下書きが入らないようにしましょう。

できあがり。

23

A type
正6面体

紙の折り方 ➊P.19　部品数 12

サイコロと同じ立方体のくす玉です。それぞれの面を作る切り紙は正方形なのですが、4つの角を同じ分量で折り曲げてのりしろを作ります。簡単な切り紙を上下2枚合わせることで、色や形の複雑な表情を生み出す作品です。
6面すべてを組まず、最後の1面をはずして、中にキャンドルやLEDライトなどの光源を入れて、ランプシェードとして使ってもいいでしょう。また、花瓶カバーとして使っても素敵です。

1　表を上にして、切り紙を切って開きました。折り返す作業も終えています。

2　下になる切り紙の4つの角に接着剤をつけます。

3　上の切り紙を重ねてくっつけます。リボンなど上になる部分を下の切り紙から出します。最後に、上の切り紙の折り筋を使って、4つの角・上下2枚をいっしょに折ります。

4　3で折った4つの角がのりしろになります。1〜3を繰り返して、同じ部品を6つそろえます。

5　○で囲んだところに接着剤をつまようじで塗りました。

6　のりしろの形を合わせて、部品どうしを貼り合わせましょう。

5〜6を繰り返して、★の部品のまわりに4つの部品をくっつけます。

形を合わせてくっつけたのりしろを、つまんで持っています。30秒ほどでしっかりくっつきます。

★の部品を天面として、まわりの4つの部品で側面を作ります。向き合った矢印のところで、のりしろの形を合わせて、部品どうしを貼り合わせます。

9をしている途中のようすです。立方体の形ができあがってきています。

最後ののりしろをくっつけると、側面ができあがります。

11まで組んだものを、上下を入れ替えて、ひっくり返しました。ここに最後の1面をくっつけていきます。

指でつまんでいる1か所以外（ほかの3か所）は、木工用ボンドでのりしろの形を合わせてくっつけました。くっつけた部分は、30秒ほどつまんで持ち、しっかり接着します。

最後の部品の接着は、形を合わせたのりしろの部分をつまんで持つことができないので、木工用ボンドでは接着が弱くなります。ここでは両面テープを使い、触れただけでくっつくようにします。

両面テープでくっつけた部分を、作品の形がくずれない程度の力でつまんで、しっかりと接着します。1時間ほど接着剤を乾かしたあと、リボンなどの部分の上下を確認して、全体の形を整えて、できあがりです。

01 A type リボンとハート
Ribbon & Heart

リボンとハートをモチーフにデザインしたお祝いのくす玉です。誕生日や勤労感謝、敬老、バレンタインのタイミングなどに合わせて作り、テーブルや室内に彩りを添えてください。

紙の折り方 ❶ P.19 　型紙 P.98
部品数 12 (1面で上下2枚重ね×6面)・正6面体

02 春爛漫 A type
Fine Day in Springtime

花の切り紙では、最初にすべての花びらのつけ根を谷折りして折り起こします。つぎに、葉っぱの切り紙の下に花の切り紙を重ねます。そのとき、外側の花びらが葉っぱの上になるように形を整えてください。

紙の折り方 ❶ P.19　型紙 P.99
部品数 12（1面で上下2枚重ね×6面）・正6面体

03 マーガレット A type
Marguerite

上のマーガレットのみ、切り紙で作ります。下の紙には、切り紙の作業はありません。上下の色合わせを考えて、紙を選びましょう。すべての花びらのつけ根を谷折りして折り起こします。

紙の折り方 ❶ P.19　型紙 P.100
部品数 12（1面で上下2枚重ね×6面）・正6面体

A type
04 飾り窓
Decoration Window

窓にはめられたステンドグラスやアイアンの装飾をイメージしてデザインしました。上の飾りのみ、切り紙で作ります。下の紙には、切り紙の作業はありません。上下の色合わせを考えて、紙を選びましょう。

紙の折り方 ❶P.19　型紙 P.101
部品数 12 (1面で上下2枚重ね×6面)・正6面体

05 スノー・クリスタル
A type
Snow Crystal

06 小鳥と新緑
A type
Birds & Fresh Green Leaves

小鳥の羽根の中まで折り起こす部分がある凝った作品です。折り起こす部分は、切り紙を開き、表を上にした時点で一旦、つけ根を谷折りしてクセをつけておきます。全体が正6面体に仕上がったあとに、再度形を整えましょう。

紙の折り方 ❶P.19　型紙 P.103
部品数 12 (1面で上下2枚重ね×6面)・正6面体

雪の結晶や水鏡に広がる波紋をイメージしてデザインしました。上の飾りのみ、切り紙で作ります。下の紙には、切り紙の作業はありません。上下の色合わせを考えて、紙を選びましょう。

紙の折り方 ❶P.19　型紙 P.102
部品数 12 (1面で上下2枚重ね×6面)・正6面体

B type
星型6角形・星型7角形

紙の折り方 **P.34**
部品数 **6** 星型6角形 / 部品数 **7** 星型7角形

同じ部品を使い、その数を6つ、7つと変えることで、頂点の数や作品の厚み、稜線の角度の違う星型多角形を作ります。星型6角形、星型7角形とも、最後の部品を組むときに、差し込み口を大きく開きます。ポイントはこの作業の前に、それまでの接着部分をしっかり乾かすことです。待ち時間が多くなる作品ですが、ティー・タイムをはさむゆとりもいっしょに楽しみながら、作ってください。

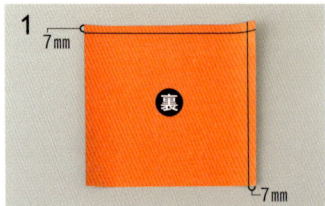

最初に紙の採寸をします。上、右の辺の端から7mmの幅で線を書き込みます。

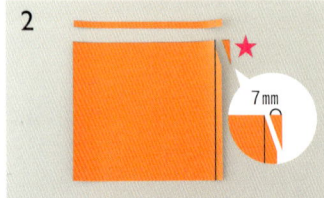

1の線を使い、最初に上の7mmを切り離します。つぎに、★の角を切り離します。

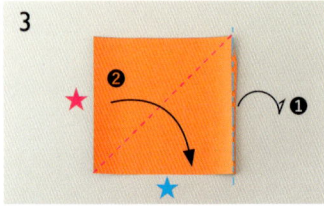

❶の線を山折りして、裏に送ります。できたら、★と★の辺を合わせて、全体を半分の三角形に折ります（❷）。

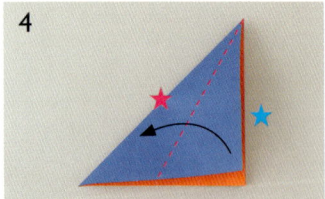

★と★の辺を合わせて、上の1枚だけを谷折りします。

図のようになったら、左右を入れ替えて裏返します。

★と★の辺を合わせて折ります。

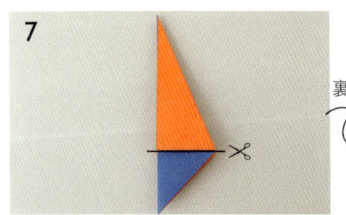

下の三角形を切り離します。できたら、左右を入れ替えて裏返し、型紙の向きに合わせます。

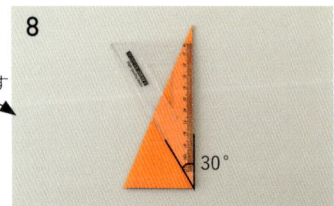

直角三角形の定規をあてて、30°の角度で線を書き込みます。

30°の角度で書き込んだ線と平行に、10mmの幅を持たせて線を書き込みます。できたら切り紙の下書きをして、切って開きましょう。

星型6角形

10 裏
裏を上にして、切り紙を切って開きました。★の2か所に切り込みを入れます（のりしろの幅と同じです）。できたら、のりしろがついている右の面を折り返します。

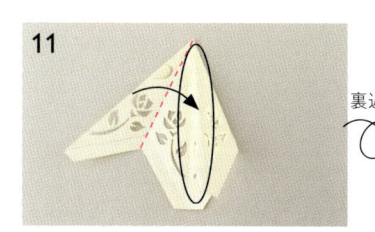

11
○で囲んだところに接着剤を塗り、左を折り返します。すると、のりしろの部分で重なります。できたら、左右を入れ替えて裏返します。これで、のりしろが裏面にまわります。

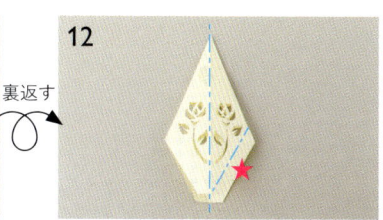

裏返す

12
全体の中心を表裏で山折りします。つぎに、★ののりしろ（表裏）を、部品の内側に山折りして入れ込みます。

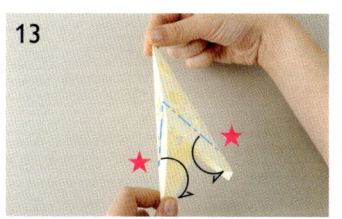

13
12をしている途中のようすです。★ののりしろを、部品の内側に山折りして入れ込んでいます。

14
○で囲んだところが、のりしろを入れ込んだ部分です。

15
1～13を繰り返して、同じ部品を6つそろえます。

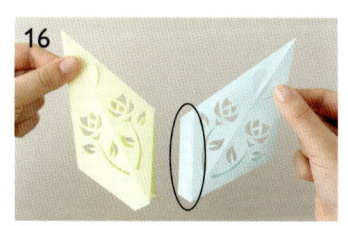

16
○で囲んだところ（左に飛び出しているのりしろの表裏）に接着剤をつまようじで塗り、のりしろをとなりの部品の中に差し込んで貼り合わせます。

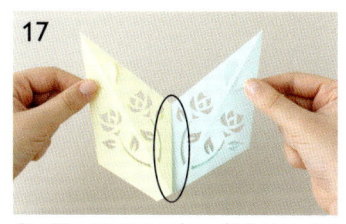

17
○で囲んだところの中で、部品どうしがくっつきます。ここをつまんで持ちましょう。30秒ほどでしっかりくっつきます。

18
16～17を繰り返して、5つの部品を組みます。この状態で1時間待ち、接着剤をしっかりと乾かしてください。つぎの作業は、けっこう強引なものですから。

19
Ⓐで間を大きく開きます。そこにⒷで部品を入れ、★でのりしろを中に入れ込んで、木工用ボンドでくっつけます。○で囲んだ部分は、まだ接着剤はつけません。

20
○で囲んだ部分の接着は、両面テープを使い、触れただけでくっつくようにします。準備ができたら、左となり（6つめ）の部品の中に、のりしろを入れ込みましょう。

21
ここで再び1時間待ち、接着剤をしっかりと乾かしてください。そのあとで、稜線をくっきりさせることを意識して、形を整えて、できあがりです。

星型7角形

1 部品作りは星型6角形と同じです。P.34〜35の1〜13を繰り返して、同じ部品を7つそろえます。

2 ○で囲んだところ（左に飛び出しているのりしろの表裏）に接着剤をつまようじで塗り、のりしろをとなりの部品の中に差し込んで貼り合わせます。貼り合わせた部分をつまんで持ち、しっかりくっつけます。

3 2を繰り返して、5つの部品を組みます。この状態で1時間待ち、接着剤をしっかりと乾かしてください。乾いたら、矢印のように間を大きく開き、6つめの部品の左ののりしろに木工用ボンドを塗って差し込みます。

4 ○で囲んだ部分が、3で差し込んだのりしろの部分です。この状態で30分待ち、接着剤をしっかりと乾かしてください。

5 接着剤が乾いたら、矢印のように間を大きく開きます。

6 ★の部分は、1つめの部品ののりしろです。このときの接着は両面テープを使い、触れただけでくっつくようにします。

7 矢印の方向へ7つめの部品を入れます。

8 ○で囲んだのりしろを、となりの部品の中へ差し込み接着します。そこで5分ほど待って接着剤を乾かします。両面テープを貼った★ののりしろを、7つめの部品の中へ差し込み接着します。

9 ここで30分待ち、接着剤をしっかりと乾かしてください。そのあとで、稜線をくっきりさせることを意識して、形を整えて、できあがりです。

07 B type
雪の星 6頂点
Star of Snow/6 Peaks

| 紙の折り方 P.34 | 型紙 P.113 |

部品数 6 ・星型6角形

08 B type
雪の星 7頂点
Star of Snow/7 Peaks

| 紙の折り方 P.34 | 型紙 P.113 |

部品数 7 ・星型7角形

雪が光りながら舞い落ちるようすを表現した星型の作品です。直線だけでデザインされているので、下書きや切り紙をするときに、定規を使うと便利でしょう。

09 B type
桜の星 6頂点
Star of Cherry Blossom/6 Peaks

紙の折り方 **P.34** ｜ 型紙 **P.120-121**
部品数 **6** ・星型6角形

10 B type
桜の星 7頂点
Star of Cherry Blossom/7 Peaks

紙の折り方 **P.34** ｜ 型紙 **P.120-121**
部品数 **7** ・星型7角形

桜の花びらのシルエットを切り抜いたシンプルなデザイン。しかし、それらを星の形に組み、窓辺に吊るすと、ゆらゆら揺れて、桜の花が舞っているように見えます。淡いピンクから濃いローズまで、様々なピンクが似合う作品です。

11 B type 七夕飾り 6頂点
Star Festival Decoration/6 Peaks

紙の折り方 **P.34** 型紙 **P.122-123**
部品数 **6** ・星型6角形

12 B type 七夕飾り 7頂点
Star Festival Decoration/7 Peaks

紙の折り方 **P.34** 型紙 **P.122-123**
部品数 **7** ・星型7角形

笹の葉のそばに小さな星を折り起こして作ります。願いごとを書いた札を、作品の下に吊るといいですね。作品は軽いので、笹にいくつか吊っても大丈夫。色違いを作って、にぎやかに飾りましょう。

13 バラの星 6頂点
B type
Star of Rose/6 Peaks

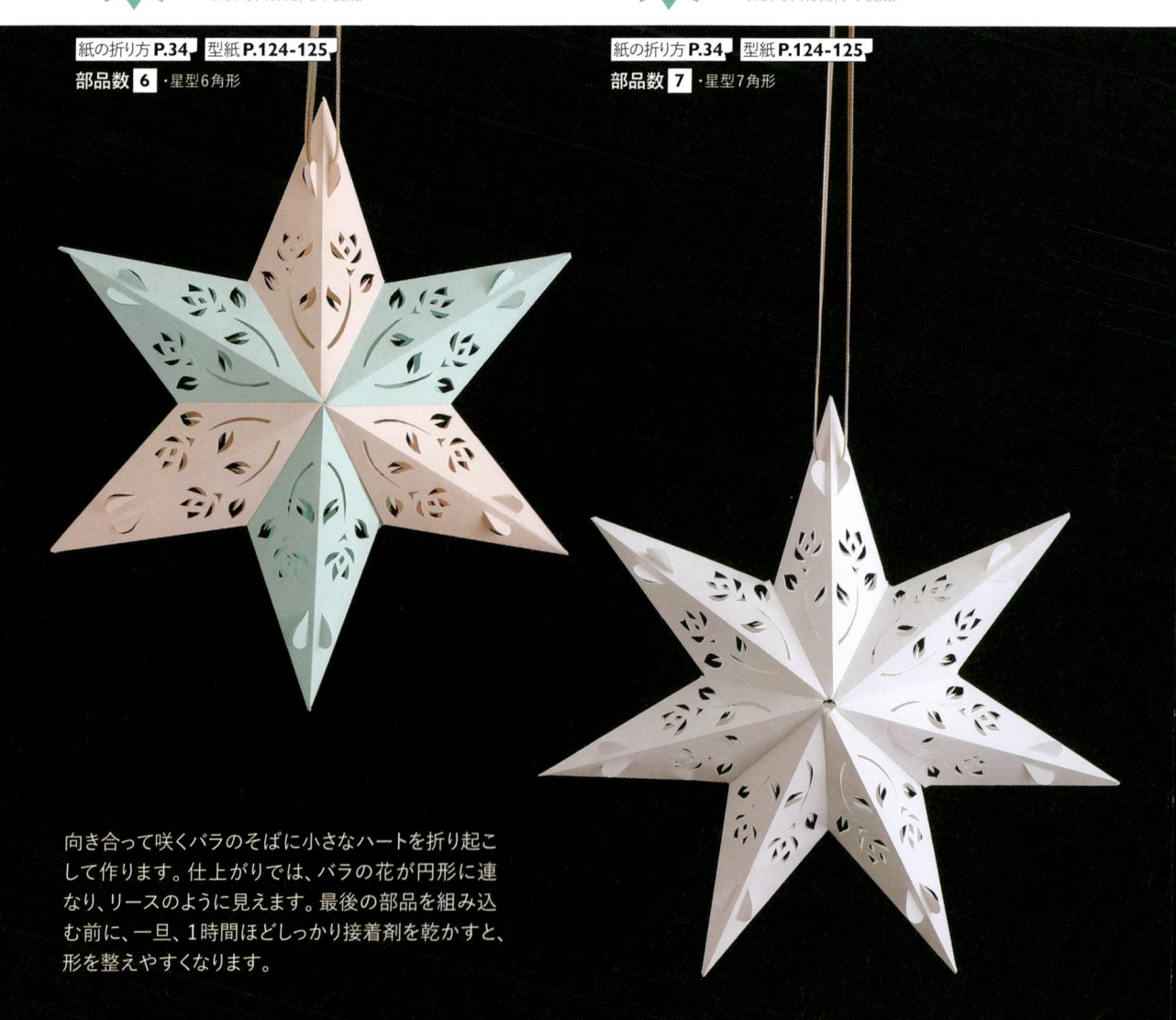

紙の折り方 **P.34**　型紙 **P.124-125**
部品数 **6** ・星型6角形

14 バラの星 7頂点
B type
Star of Rose/7 Peaks

紙の折り方 **P.34**　型紙 **P.124-125**
部品数 **7** ・星型7角形

向き合って咲くバラのそばに小さなハートを折り起こして作ります。仕上がりでは、バラの花が円形に連なり、リースのように見えます。最後の部品を組み込む前に、一旦、1時間ほどしっかり接着剤を乾かすと、形を整えやすくなります。

15 B type
クリスマス飾り 6頂点
Christmas Decoration/6 Peaks

ツリー、ブーツ、ハート、星、小さくてかわいい形をいっぱいにちりばめた、クリスマスの装飾作品です。シルバー、ゴールド、赤、緑といった色の紙で、いくつか作って飾ると、聖夜の雰囲気が自然と盛り上がりますね。

紙の折り方 **P.34** 型紙 **P.126-127**
部品数 **6** ・星型6角形

16 B type
クリスマス飾り 7頂点
Christmas Decoration/7 Peaks

紙の折り方 **P.34** 型紙 **P.126-127** 部品数 **7** ・星型7角形

42 Cutting paper

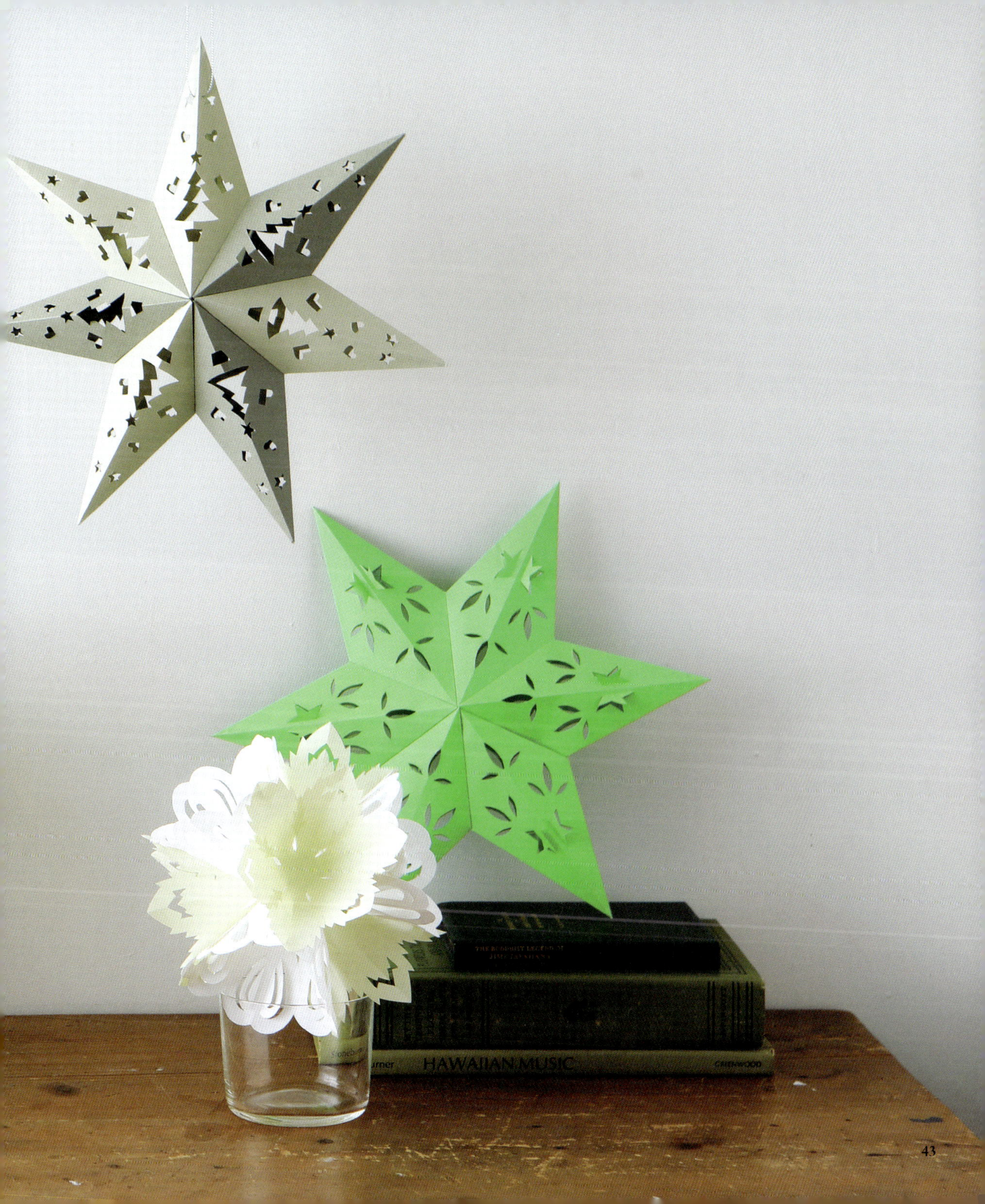
HAWAIIAN MUSIC

C type
凹型正8面体

紙の折り方 ❸ P.20-21　部品数 8

6枚の花びらから3枚を使うことで3角形を成し、それが8つ集まってできあがる凹型正8面体の作品です。6枚の花びらがありますが、接着に使うのは3枚のみ。接着した花びらのとなりは使わず、1枚とばしたつぎの1枚をまた接着に使います。
ふわりとした軽やかな仕上がりですが、接着をしっかりすることで、型くずれはかなり防げます。

1
切り紙を切って開きました。下書きが裏になるように、表を上にしています。○で囲んだところに、少量の接着剤をつまようじで塗ります。

2
花びらを寄せて重ねて貼り、お椀の形状の花を作ります。花びらを重ねる量(面積)を一定にすることが、美しい円形に仕上げるコツです。

3
花ができたら、「花の芯の作り方」(P.16)を見て、花の芯を作ります。ガーベラ(P.48)とふわふわフラワー(P.49)では芯が必要です。

4
○で囲んだ花の芯の底に、たっぷり木工用ボンドを塗ります。それを花の中心に立ててくっつけます。できたら、30分ほど接着剤を乾かしましょう。

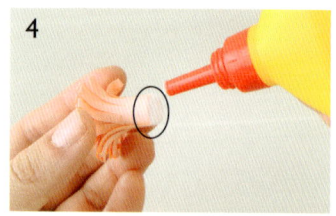

5
1〜4を繰り返して、同じ部品を8つそろえます。

6
○で囲んだ3か所に、接着剤を塗ります。6枚の花びらのうち接着に使うのは3枚のみ。接着した花びらのとなりは使わず、1枚とばした1枚をまた接着に使います。

Cutting paper

7 花びらの先の形を合わせて、花と花をくっつけます。

8 形を合わせてくっつけた花びらの先を、つまんで持っています。30秒ほどでしっかりくっつきます。

9 ○で囲んだ花びらは接着ができました。★の花びらの先を使い、形を合わせて、花と花をくっつけます。

10 9をしている途中のようすです。

11 四角ができる
つながった花の間に四角形の空きができていたら正解です。同じ要領でつぎつぎに、花をくっつけましょう。

12 四角ができる
つながった花の間に四角形の空きができることを確認しながら、花を加えていくと、自然に球体になってきます。

13 あと1つの部品を残すのみとなりました。のりしろになる花びらが3つ残っていたら正解です。

14 最後の部品を取りつけます。ここでも、少量の接着剤をつまようじで塗り、花びらの先の形を合わせて、花と花をくっつけます。

15 1時間ほど接着剤を乾かしたあと、花(作品によっては葉っぱなど)と折り起こし部分の形を調整して、全体の形を整えて、できあがりです。

17 バレンタイン・ハート
C type
Valentine Heart

1枚の花びらに、縁・中窓・小窓と3つのハートの形が現れる、ハートづくしの作品です。バレンタインの日はもちろん、誕生日や結婚のお祝いに贈ってはいかがでしょうか。

紙の折り方 ❸ P.20-21　型紙 P.98
部品数 8 ・凹型正8面体

47

18 ガーベラ

C type
Gerbera

花の芯の作り方、接着方法はP.16をごらんください。ハサミで簡単に切れる形なので、色違いの作品をそろえて、印象の変化を確認してください。花びらの面積が広いので、水玉などの模様が入った紙で作っても、形がはっきり見えてくるでしょう。

紙の折り方 ❸ P.20-21 型紙 P.99
部品数 8 ・凹型正8面体

19 ふわふわフラワー
C type
Soft Flowers

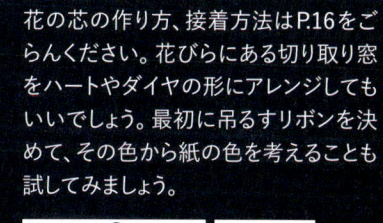

花の芯の作り方、接着方法はP.16をごらんください。花びらにある切り取り窓をハートやダイヤの形にアレンジしてもいいでしょう。最初に吊るすリボンを決めて、その色から紙の色を考えることも試してみましょう。

紙の折り方 ❸ P.20-21　型紙 P.100
部品数 8 ・凹型正8面体

20 シルエットを楽しむブーケ
C type
Silhouette of Flowers Bouquet

向こうから射し込む光にかざすと、紙どうしが透けたり、切り紙の形がそのまま陰に現れたり、光とともに楽しむ作品です。薄い折り紙も、花にしてくす玉に組み上げることで、部品それぞれが形をしっかり保ち合います。

紙の折り方 ❸ P.20-21　型紙 P.101
部品数 8 ・凹型正8面体

21 ハロウィーン・パンプキン
C type
Halloween Pumpkin

1つの作品でパンプキンが48も現れるハロウィーンのくす玉です。ミニ切り紙の「ハロウィーンのおばけ」(P.65)を吊るしてみましょう。この作品だけは、黒とオレンジの色合わせが最適といえますね。

紙の折り方 ❸ P.20-21　型紙 P.102
部品数 8 ・凹型正8面体

22 C type 丸い花びらのブーケ
Soft Petal Bouquet

葉っぱの切り紙のデザインは「とがった花びらのブーケ」と同じです。2つの作品を見くらべて、花びらの形や紙の色で、作品の印象が大きく変わることに気づいてください。

紙の折り方 ❸ P.20-21　型紙 P.103
部品数 8 ・凹型正8面体

23 C type とがった花びらのブーケ
Sharp Petal Bouquet

葉っぱの切り紙のデザインは「丸い花びらのブーケ」と同じです。葉っぱをなくして花だけでくす玉を作ってもいいでしょう。そのとき、「丸い花びらのブーケ」の花と4つを入れ替えて、違う花を組み合せてもくす玉の形になります。

紙の折り方 ❸ P.20-21　型紙 P.104
部品数 8 ・凹型正8面体

24 氷の花
C type
Ice Flowers

花びらの先を外に折り返して、剣のような出っ張りを作ります。剣と花びらの間（重なり合う部分）を接着すると、剣がしっかり張り出します。くす玉に組むときは、剣の裏どうしではなく、剣と花びらを接着した部分の裏どうしを合わせましょう。

紙の折り方 ❸ P.20-21　型紙 P.105
部品数 8 ・凹型正8面体

D type
星型正8面体

紙の折り方 ❹ P.22-23
部品数 8

基本は3角形・8面が集まってできあがる正8面体ですが、それぞれの面で頂点が外に突き出るように部品が設計されています。見る角度によって形を変える楽しさがあり、ゆっくり回転させながら、切り紙の模様を眺めるのもおもしろい作品です。
8面すべてを組まず、最後の1面をはずして、その部分からキャンドルやLEDライトなどの光源を入れて、ランプシェードとして使ってもいいでしょう。

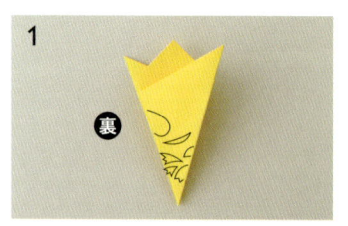

1
「折り方4」(P.22〜23)で紙を折り、下書きをしました。これを一旦、すべて開いて、余分な部分を切り取ります。少しでも紙の厚みが少ない方が、切り紙をしやすいからです。

2
下書きをした面の左となりに、7mmの幅でのりしろとなる部分を残して、★のある側の4面を切り離します。

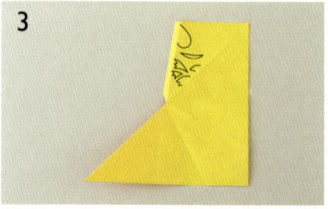

3
2をして、★のある側の4面を切り離しました。これを1の形に折りたたみます。

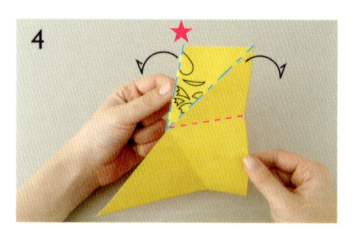

4
★のあるのりしろの部分を最初に山折りでうしろに送ります。つぎに、下書きをした面の右側を山折りします。続いて、となりを谷折りします。

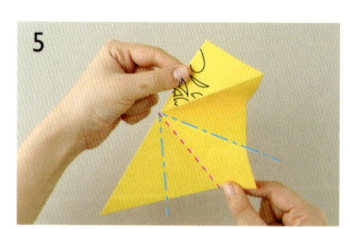

5
続いて、山折り、谷折り、山折りの順でたたみます。

6
図のようになったら、上下を入れ替えて回転させます。すると、1の形になります。余分な紙を切り離して、紙の厚みが最少になりました。デザインを切ってください。

7
切り紙を終えて開いて、今は裏が見えています。下書きを裏にして、切り紙の左右を入れ替えて裏返します。

8
ハート(作品によっては花びらや葉っぱなど)の折り起こしはそのままにして、それ以外の面と面の間の稜線や、のりしろとの境の折り筋を、すべて山折りします。

9
8をして、部品が立体的になってきました。○で囲んだところに接着剤をつまようじで塗りましょう。

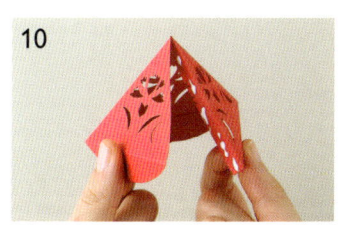

10
9ののりしろを、となりの面の裏にくっつけます。稜線と稜線をきっちり合わせましょう。

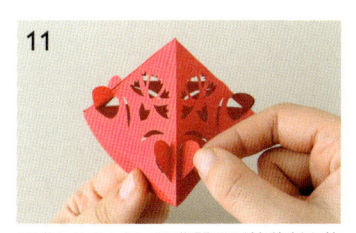

11
10をしたあとに、10分間ほど接着剤を乾かしました。ハートのつけ根を谷折りして折り起こします。1～11を繰り返して、同じ部品を8つそろえます。

12
○で囲んだところに接着剤をつまようじで塗り、のりしろの形を合わせて、部品どうしを貼り合わせます。

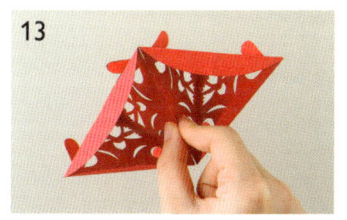

13
形を合わせてくっつけたのりしろを、つまんで持っています。30秒ほどでしっかりくっつきます。

14
のりしろの形を合わせて、部品どうしをつぎつぎに貼り合わせます。

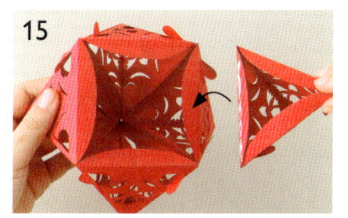

15
5つめの部品を貼り合わせています。ここまで組むと、球体になるように部品どうしが引きつけ合う力が働きます。

16
球体の内側を見ています。それぞれののりしろをつまんで持って、しっかりくっつけることで、美しい仕上がりになります。

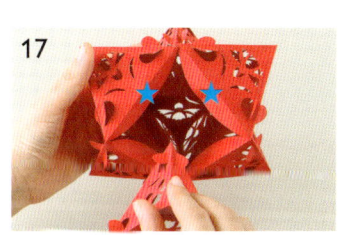

17
7つめの部品を取りつけるようすです。★の2つののりしろだけを使います。

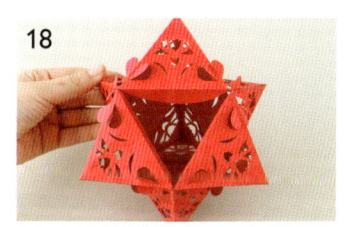

18
あと1つの部品を残すのみとなりました。のりしろが3つ残っていたら正解です。

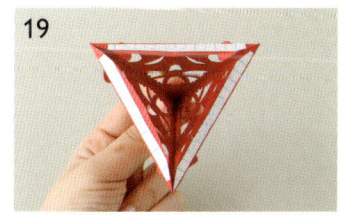

19
最後の部品の接着は、のりしろの部分をつまんで持てないので、木工用ボンドでは接着が弱くなります。ここでは両面テープを使い、触れただけでくっつくようにします。

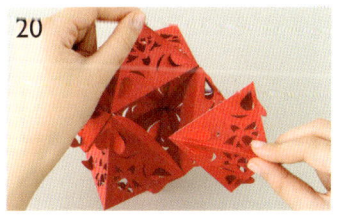

20
形を合わせて接着します。触れたらくっつくので、落ち着いて作業をしましょう。

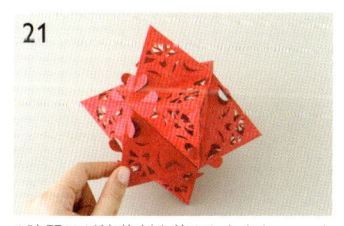

21
1時間ほど接着剤を乾かしたあと、ハート（作品によっては花びらや葉っぱなど）の部分の折り起こしを調整して、全体の形を整えて、できあがりです。

55

25 クリスタルのオブジェ
D type
Crystal Objet

直線ばかりの切り込みでデザインしたシンプルな作品です。淡い色の紙で仕上げた作品を光に透かすと、切子（カット・グラス）のような形が見えます。

紙の折り方 ❹ P.22-23　型紙 P.106
部品数 8 ・星型正8面体

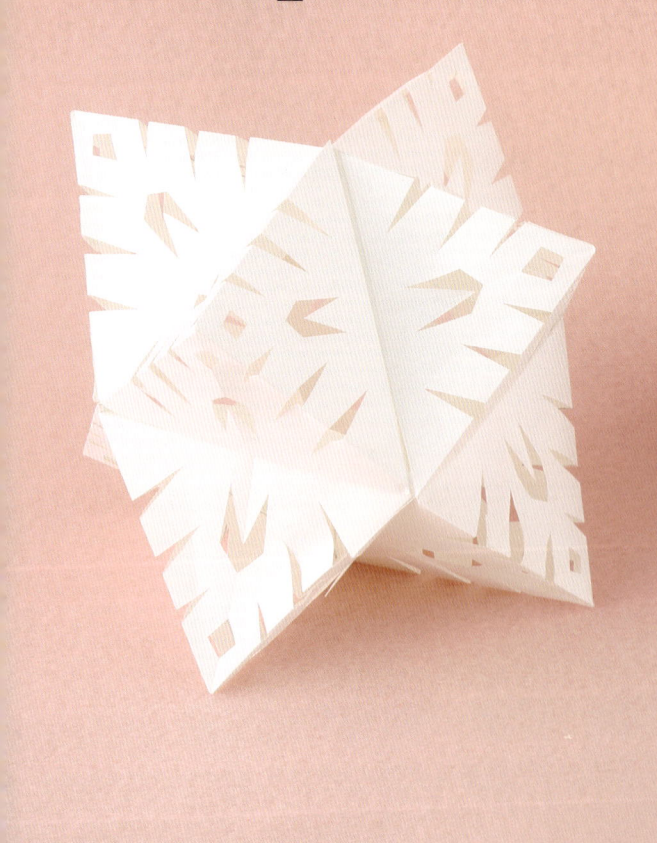

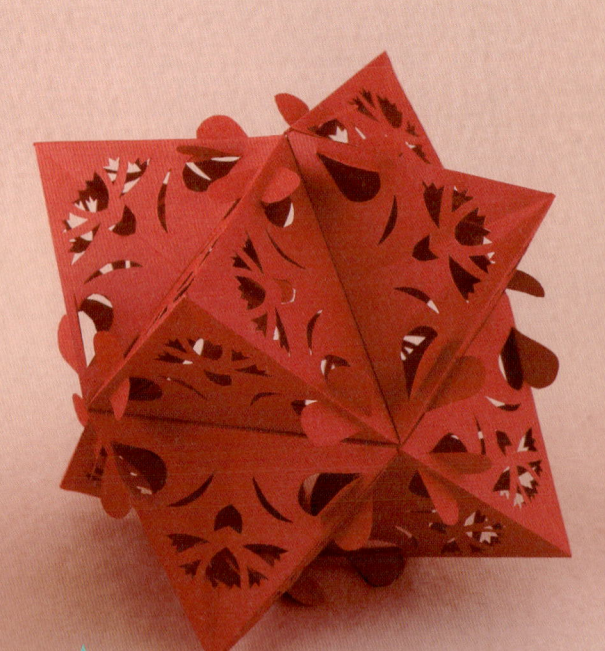

26 母の日・ハートとカーネーション
D type
Mother's Day/Heart & Carnation

カーネーションの左右で、ハートを折り起こして作ります。真紅といっしょに純白の作品もそろえて、2つを並べたり、上下で吊るしてみましょう。華やかに感謝の気持ちが伝わることでしょう。

紙の折り方 ❹ P.22-23　型紙 P.107
部品数 8 ・星型正8面体

57

27 Dtype チョウのダンス
Butterfly Dance

花が咲いている丘をチョウが自由に舞っている、そんな春のある日をイメージした作品です。ミニ切り紙の「チョウと花」といっしょに吊るしてみましょう。

紙の折り方 ❹ P.22-23　型紙 P.108
部品数 8 ・星型正8面体

58 Cutting paper

28 子供の日・カブトとショウブ

D type

Children's Day/Warrior's Helmet & Sweet Flag

稜線の部分に兜（カブト）の形が折り起こしで現れます。繊細な線をカッターで切る作業が多い作品です。カッターの刃先をマメに折って、鋭い切れ味を保ってください。

紙の折り方 ❹ P.22-23　型紙 P.109

部品数 8 ・星型正8面体

29 小鳥と四つ葉のクローバー
D type
Birds & Four-Leaf Clover

小鳥の羽根の中に折り起こす部分があります。また、小鳥そのものも折り起こして仕上げます。それぞれの角度を調整して、動きのある印象にしましょう。小鳥の尾は特にちぎれやすいので、ていねいに作業をしてください。

紙の折り方 ❹ P.22-23　型紙 P.110
部品数 8 ・星型正8面体

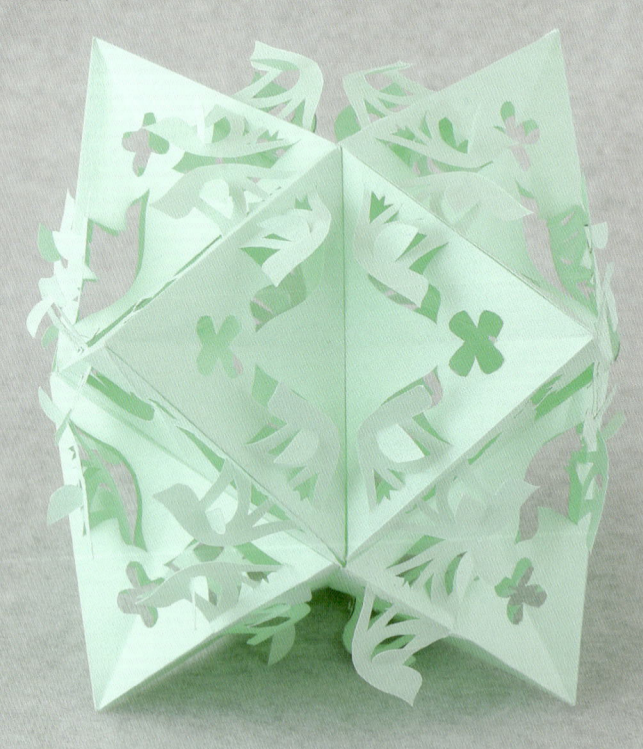

30 モミジとドングリ

D type

Maple & Acorn

黄、山吹、橙、赤、薄茶、こげ茶など、秋色の紙を集めて、いろんな組み合わせを試したり、その印象の違いを楽しみたい作品です。色違いをタテに連ねて吊るすと、部屋は秋の森に早変わりするかもしれませんね。

紙の折り方 ❹ P.22-23　型紙 P.111

部品数 8 ・星型正8面体

くす玉といっしょに吊るして飾る
ミニ切り紙

紙の折り方 ❷ P.19

リボンでつないで、くす玉の上や下、
どちらにも飾れます。
季節や華やかさの演出に、
紙の色合わせを考えて作ってみましょう。

31 ミニ切り紙 花とハート
Flowers & Heart
紙の折り方 ❷ P.19　型紙 P.104

32 ミニ切り紙 ペアの小鳥
Pair Birds
紙の折り方 ❷ P.19　型紙 P.104

1 裏
「折り方2」(P.19)で紙を折り、下書きをしました。ていねいにデザインを切ります。

2
切り終えたら、折り起こす部分に折り肋をつけて、すべてを開きます。

3 裏返す
切り紙を開きました。下書きが見えています。つぎに、下書きが裏になるように、左右を入れ替えて裏返します。

4 表
表の色が上になりました。山折りして、全体を半分に折ります。

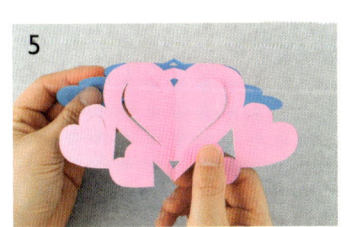

5
4をしている途中のようすです。

6
折り筋を使って、それぞれの部分を谷折りして折り起こし、全体の形を整えて、できあがりです。

63

33 ミニ切り紙 咲き誇る花
Bloom Flowers
紙の折り方 ❷ P.19　型紙 P.105

34 ミニ切り紙 揺れる若葉
Swinging Leaves
紙の折り方 ❷ P.19　型紙 P.105

35 ミニ切り紙 ハートづくし
Heart & Heart & Heart
紙の折り方 ❷ P.19　型紙 P.106

36 ミニ切り紙 松竹梅
Pine & Bamboo & Plum
紙の折り方 ❷ P.19　型紙 P.106

37 ミニ切り紙 ハロウィーンのおばけ
Halloween Ghost
紙の折り方 ❷ P.19　型紙 P.107

38 ミニ切り紙 雪だるまとブーツ
Snow Man & Boots
紙の折り方 ❷ P.19　型紙 P.107

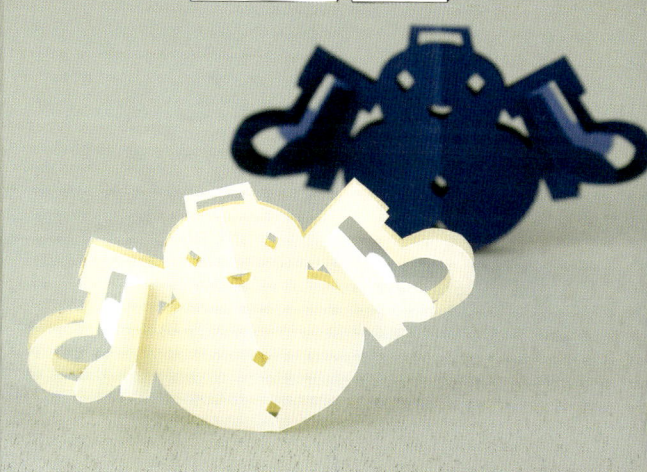

39 ミニ切り紙 チョウと花
Butterfly & Flowers
紙の折り方 ❷ P.19　型紙 P.108

40 ミニ切り紙 ティアラ
Tiara
紙の折り方 ❷ P.19　型紙 P.108

E type
凹型正12面体

紙の折り方 ❹ P.22-23　部品数 12

5枚の花びらが5角形を成し、それが12集まってできあがる凹型正12面体の作品です。部品どうしの接着点が多く、とても強い構造になります。「花の手まり」という言葉がぴったりの華やかで美しい仕上がりで、室内装飾にはもちろん、お祝いとして贈ることにもふさわしいでしょう。
ここで紹介する作品で要領を学び、自分のアイデアで花をデザインして、それを12そろえて、オリジナルのくす玉を作ることにも挑戦してみてください。

1
切り紙を切って開きました。下書きが裏になるように、表を上にしています。花びらの中で、部分的に折り起こす箇所がある場合は、先にここで折りクセをしっかりつけておきます。

2
○で囲んだところに、少量の接着剤をつまようじで塗ります。

3
花びらを寄せて重ねて貼り、お椀の形状の花を作ります。花びらを重ねる量（面積）を一定にすることが、美しい円形に仕上げるコツです。

4
1～3を繰り返して、同じ部品を12そろえます。○で囲んだところに、少量の接着剤をつまようじで塗ります。できたら、花びらの先の形を合わせて、花と花をくっつけます。

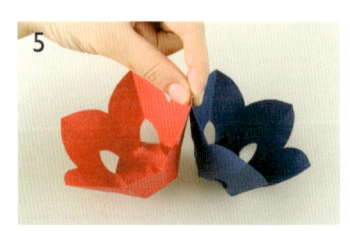

5
形を合わせてくっつけた花びらの先を、つまんで持っています。30秒ほどでしっかりくっつきます。

6
今度は○で囲んだ2か所に、少量の接着剤をつまようじで塗りました。それぞれ、花びらの先の形を合わせて、花と花をくっつけます。

7

6をして、3つの花がつながりました。つながった花の間に三角形の空きができていたら正解です。同じ要領でつぎつぎに、花をくっつけましょう。

8

5つの花をつなぎ終えました。

9

少量の接着剤をつまようじで塗り、花びらの先の形を合わせて、花と花をくっつけます。

10

つながった花の間に三角形の空きができることを確認しながら、花を加えていくと、自然に球体になってきます。

11

このEタイプのくす玉では、すべての花びらがのりしろとなります。貼り忘れや、合わせる花びらに間違いがないか、ときおりチェックしてください。

12

加える花が、あと2つになりました。

13

あと1つの部品を残すのみとなりました。のりしろになる花びらが5つ残っていたら正解です。

14

最後の部品を取りつけます。ここでも、少量の接着剤をつまようじで塗り、花びらの先の形を合わせて、花と花をくっつけます。

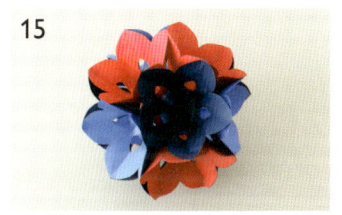

15

1時間ほど接着剤を乾かしたあと、花(作品によっては葉っぱなど)と折り起こし部分の形を調整して、全体の形を整えて、できあがりです。

67

41 花手まり
E type
Ball of Flowers

ハサミで簡単に切れる花びらの形です。同じ系統の色を集めて作ると、落ち着いた印象に。赤、青、黄、緑……、カラフルに色を取りそろえて作ると元気な印象に仕上がります。

紙の折り方 ❹ P.22-23　型紙 P.120
部品数 12・凹型正12面体

42 ハートのブーケ
E type
Heart Bouquet

花びらの中の部分を折り起こしてハートを作ります。部品となる花の1つ1つはやわらかなものですが、くす玉に組むとしっかりした形を保ちます。くす玉にして、接着剤が乾ききってから、ハートの折り起こしの形を再び整えましょう。

紙の折り方 ❹ P.22-23　型紙 P.121
部品数 12・凹型正12面体

43 E type トロピカル・フラワー
Tropical Flowers

花の芯の作り方、接着方法はP.16をごらんください。ハサミで簡単に切れる花びらの形なので、色違いの作品をそろえて、印象の変化を楽しんでください。花びらの形はあなたのアイデアでアレンジしてもよいでしょう。

紙の折り方 ❹ P.22-23　型紙 P.122
部品数 12 ・凹型正12面体

44 花のシルエット
E type
Silhouette of Flowers

花の形はシンプルですが、たくさんの小さな花びらを谷折りして折り起こすことで、にぎやかな仕上がりになります。型紙を85〜90％で縮小コピーして花を作り、ひと回り小さいくす玉も作ってみてください。

紙の折り方 ④ P.22-23 / 型紙 P.123
部品数 12・凹型正12面体

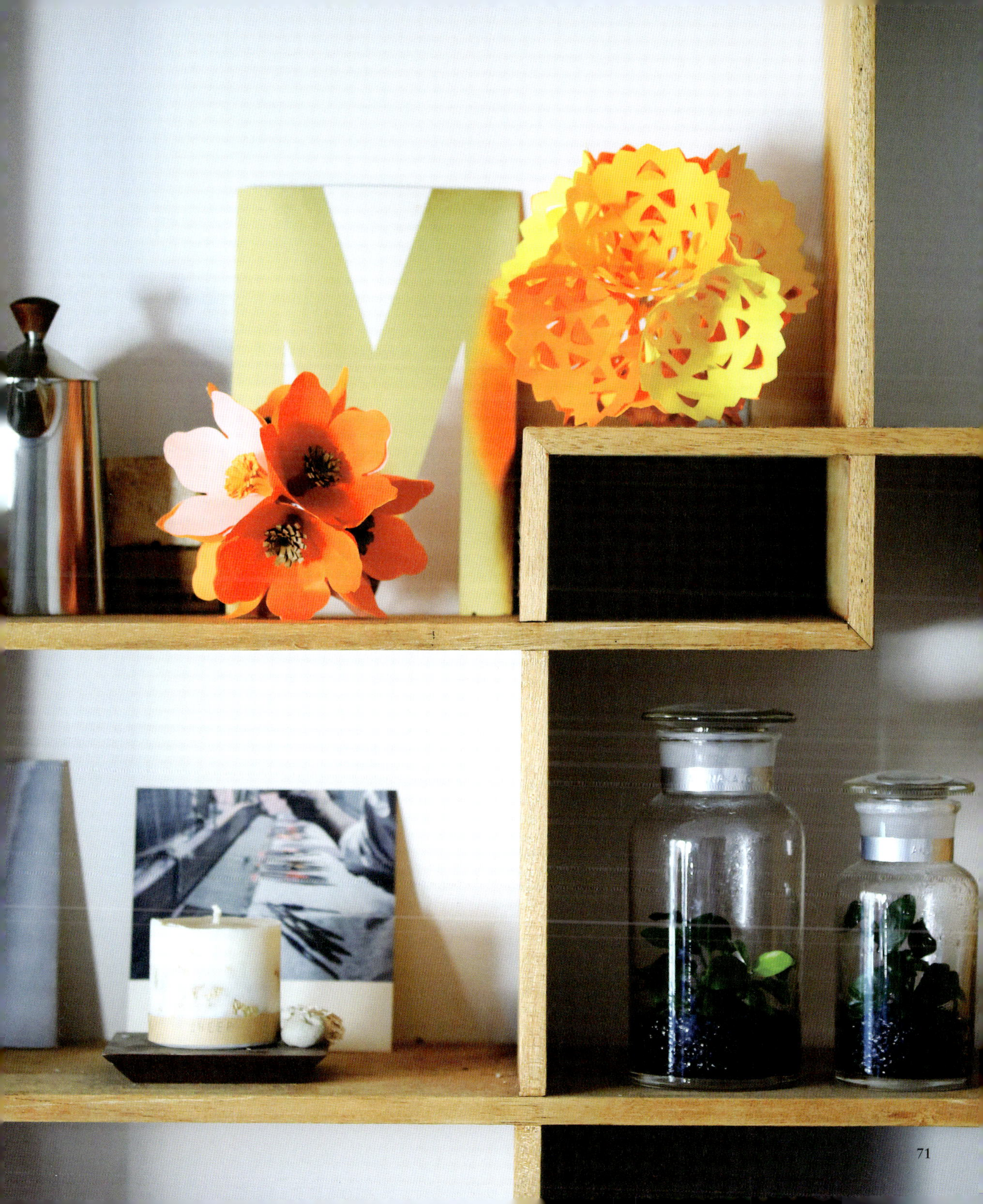

45 お祝いの日・ハートのブーケ

E type
Celebration Day/Heart Bouque

ハサミで簡単に切れる花びらの形です。大切な方のお祝いに、感謝の気持ちがたくさん伝わるようにと、ハートの小窓が60も現れます。親子や、グループの仲間といっしょに花を作り、それを合わせて一つのくす玉に仕上げることも楽しいですよ。

紙の折り方 ❹ P.22-23　型紙 P.124
部品数 12 ・凹型正12面体

46 母の日・カーネーション
E type
Mother's Day/Carnation

ギザギザの花びらで一目にカーネーションとわかる母の日のくす玉です。花の中で、小さな花びらのつけ根を谷折りして折り起こします。あなたからお母様へのメッセージ・カードをいっしょに吊るしても素敵ですね。

紙の折り方 ❹ P.22-23　型紙 P.125
部品数 12 ・凹型正12面体

47 よろこびの日・祝い梅
E type
Happy Day/Plum

花の芯の作り方、接着方法はP.16をごらんください。「松竹梅」(P.64)のミニ切り紙といっしょに、お正月に彩るくす玉としてデザインしました。見本のように、紅白の梅をミックスして作るだけでなく、紅だけ、白だけのくす玉をそろえて飾っても華やかになります。

紙の折り方 ❹ P.22-23 　型紙 P.126
部品数 12 ・凹型正12面体

48 E type クリスタル・フラワー
Crystal Flowers

雪の結晶をモチーフにデザインした花で、直線のみで構成されています。その割にはとげとげした印象にならないのが、紙ならではのやわらかさ、やさしさです。そっと棚に手作りの作品が飾られているだけで、部屋の雰囲気が和むことでしょう。

紙の折り方 ❹ P.22-23 / 型紙 P.127
部品数 12 ・凹型正12面体

Cutting paper

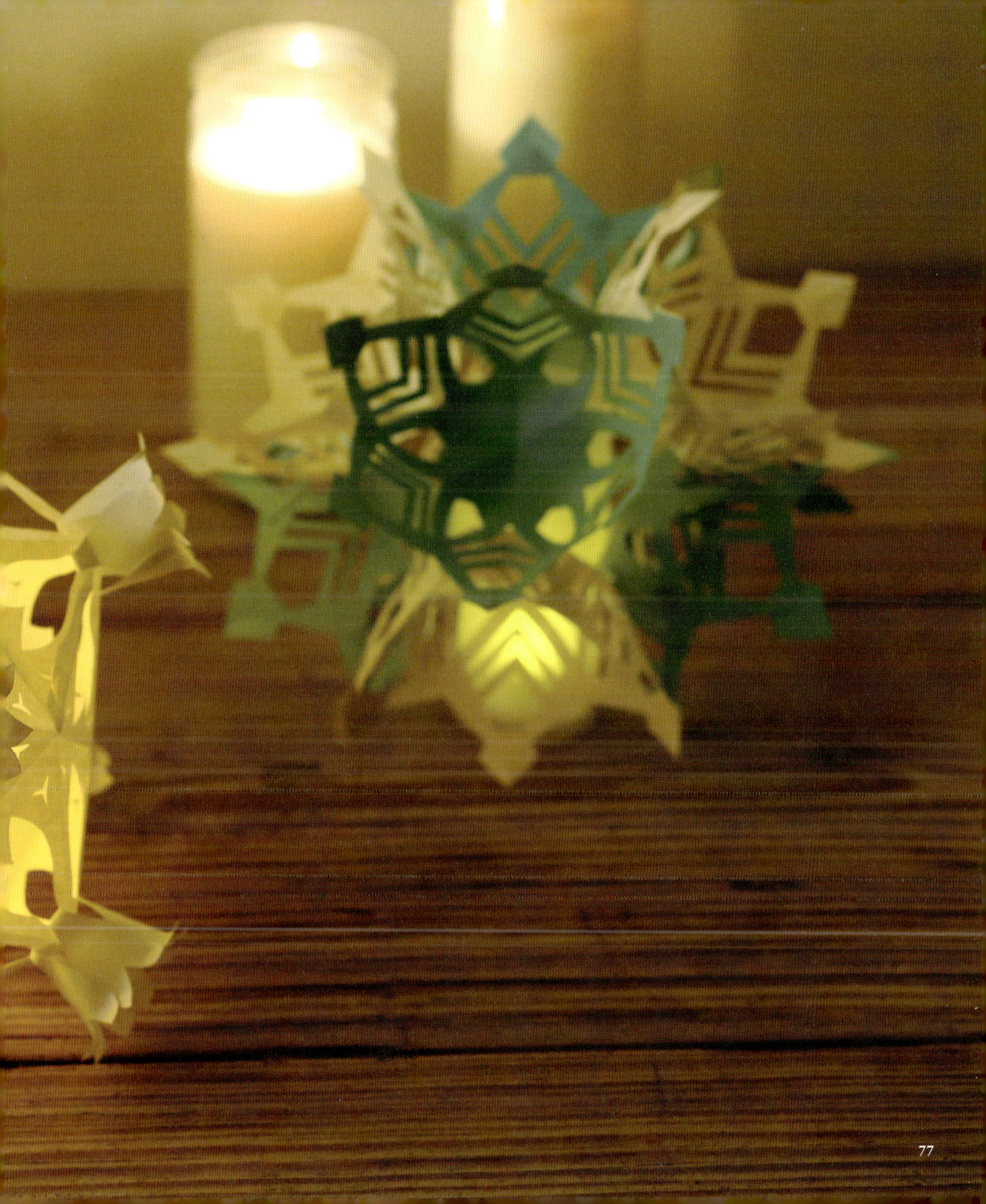

F type
正12面体

紙の折り方 ❸ P.20-21　部品数 12

5角形・12面が集まってできあがる正12面体の作品です。1つ1つの部品は繊細で弱いものですが、くす玉に組むとお互いに引きつけ合い、絶妙なバランスでしっかりと球体を保ちます。
12面すべてを組まず、最後の1面をはずして、その部分からキャンドルやLEDライトなどの光源を入れて、ライト・カバーとして使ってもいいでしょう。

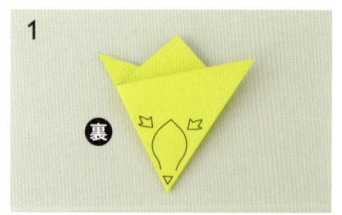

1
「折り方3」(P.20～21)で紙を折り、下書きをしました。これを一旦、すべて開いて、余分な部分を切り取ります。少しでも紙の厚みが少ない方が、切り紙をしやすいからです。

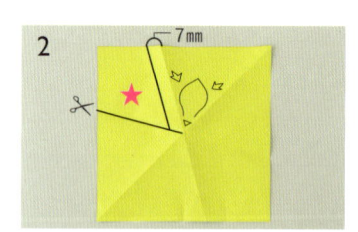

2
下書きをした面の左となりに、7mmの幅でのりしろとなる部分を残して、★のある1面を切り離します。

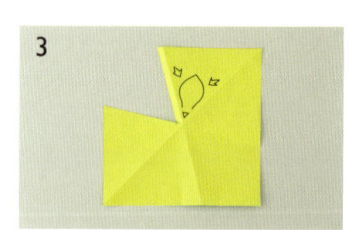

3
2をして、★のある1面を切り離しました。これを1の形に折りたたみます。

4
★のあるのりしろの部分を最初に山折りでうしろに送ります。つぎに、下書きをした面の右側を山折りします。

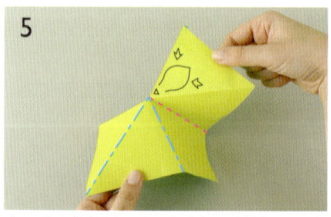

5
上にある折り筋から、谷折り、山折り、山折りの順でたたみます。

6
図のようになったら、上下を入れ替えて回転させます。すると1の形になります。余分な紙を切り離して、紙の厚みが最少になりました。デザインを切ってください。

78　Cutting paper

7 裏

→ 裏返す

8 表

切り紙を終えて開いて、今は裏が見えています。下書きを裏にして、切り紙の左右を入れ替えて裏返します。

花びら（作品によっては葉っぱなど）の折り起こしはそのままにして、それ以外の面と面の間の稜線や、のりしろとの境の折り筋を、すべて山折りします。

9

8をして、部品が立体的になってきました。〇で囲んだところに接着剤をつまようじで塗り、のりしろをとなりの面の裏にくっつけます。稜線と稜線をきっちり合わせましょう。

10

9をしたあとに、10分間ほど接着剤を乾かしました。5枚の花びらを折り起こし、重ねるところに少量の接着剤をつまようじで塗ります。

11

作品の完成見本写真をよく見て、花びらどうしを接着します。つぎに、接着剤で貼った部分を30秒ほど指でつまみます。同じ要領で、時計回りで花びらをくっつけていきます。

12

花びらの先を竹串で外側に丸めて、表情をつけます。

13

1〜12を繰り返して、同じ部品を12そろえます。

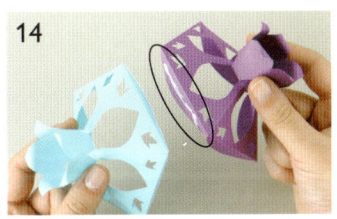

14

〇で囲んだところに接着剤をつまようじで塗り、のりしろの形を合わせて、部品どうしを貼り合わせます。

15

形を合わせてくっつけたのりしろを、つまんで持っています。30秒ほどでしっかりくっつきます。

16

のりしろの形を合わせて、部品どうしをつぎつぎに貼り合わせます。

17

6つめの部品を貼り合わせています。ここまで組むと、球体になるように部品どうしが引きつけ合う力が働きます。

18

球体の内側を見ています。

79

19 球体の内側で、それぞれののりしろをつまんで持って、しっかりくっつけることで、美しい仕上がりになります。

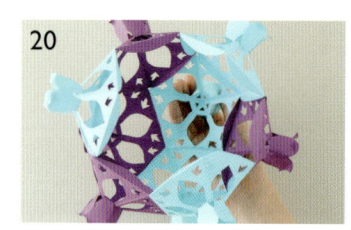

20 9つめの部品までを取りつけました。

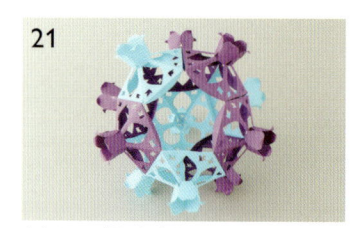

21 あと1つの部品を残すのみとなりました。のりしろが5つ残っていたら正解です。

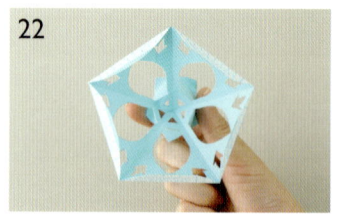

22 最後の部品を取りつけます。このときの接着は、形を合わせたのりしろの部分をつまんで持つことができないので、木工用ボンドでは接着が弱くなります。ここでは両面テープを使い、触れただけでくっつくようにします。

23 形を合わせて、接着します。触れたらくっつくので、落ち着いて作業をしましょう。

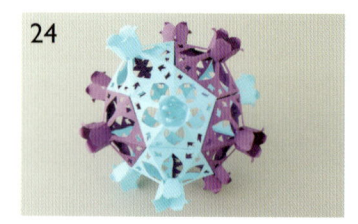

24 1時間ほど接着剤を乾かしたあと、花（作品によっては花びらや葉っぱなど）の形を調整して、全体の形を整えて、できあがりです。

49 F type レース模様の手まり
Lacework Flowers

レース模様を切り抜いた小窓から、向こう側のレース模様が見える。そこに光が射すと、紙が透けて陰も現れ、レース模様が幾重にも見える、そんな万華鏡のような楽しい作品です。

紙の折り方 ❸ P.20-21　型紙 P.114
部品数 12 ・正12面体

50 F type チューリップ
Tulip

5角形の部品の中央で、チューリップを寄せ貼りして作ります。その花びらの先を竹串で丸めると、可愛さが加わります。実際のチューリップがさまざまな色で咲くように、いろんな色合わせを試してみたい豪華な作品です。

紙の折り方 ❸ P.20-21　型紙 P.115
部品数 12 ・正12面体

51 ヒマワリ
F type
Sunflower

花と葉っぱで別のデザインの切り紙をして、部品をそろえます。そのとき、半分ずつにしなくても、花を7つ、葉っぱを5つというように、バランスを変えてもいいでしょう。花びらと葉っぱのつけ根を谷折りして折り起こします。

紙の折り方 ❸ P.20-21　型紙 P.116
部品数 12・正12面体

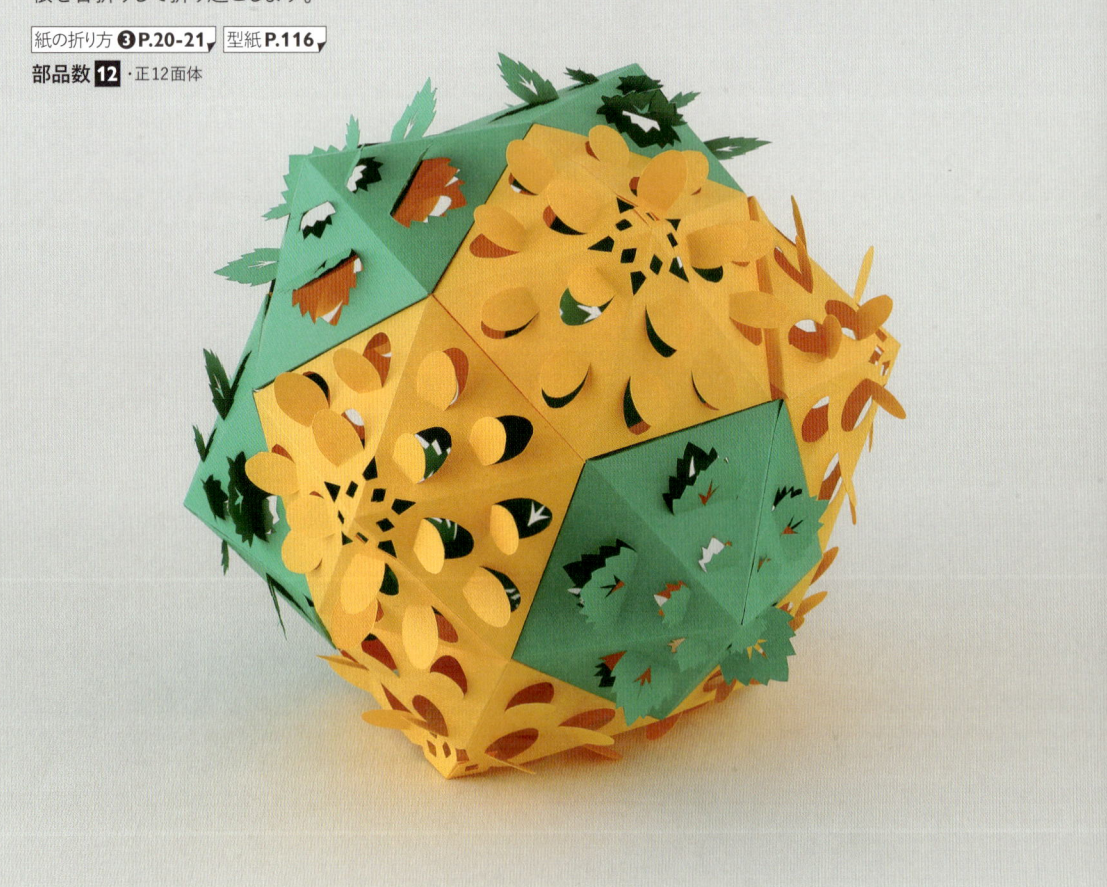

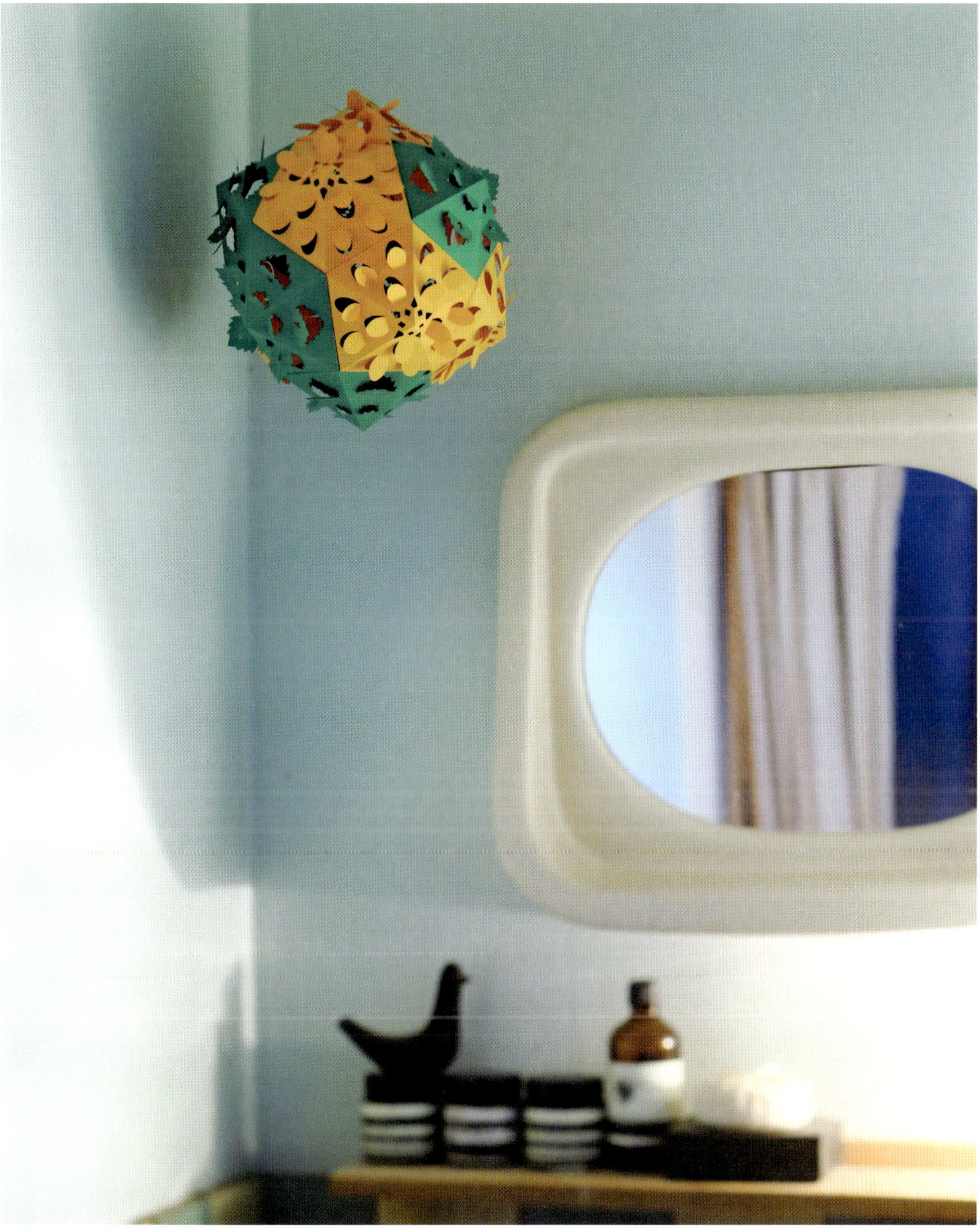

52 F type アサガオ
Morning Glory

濃いピンク（マゼンタ）、紫や青の濃淡の紙を集めて作りたい作品です。葉っぱのつけ根を谷折りして折り起こします。切り紙そのものは線がシンプルで、作業も少な目なので、型紙を85〜90％に縮小コピーして、ひと回り小さいくす玉を作ってみてもよいでしょう。

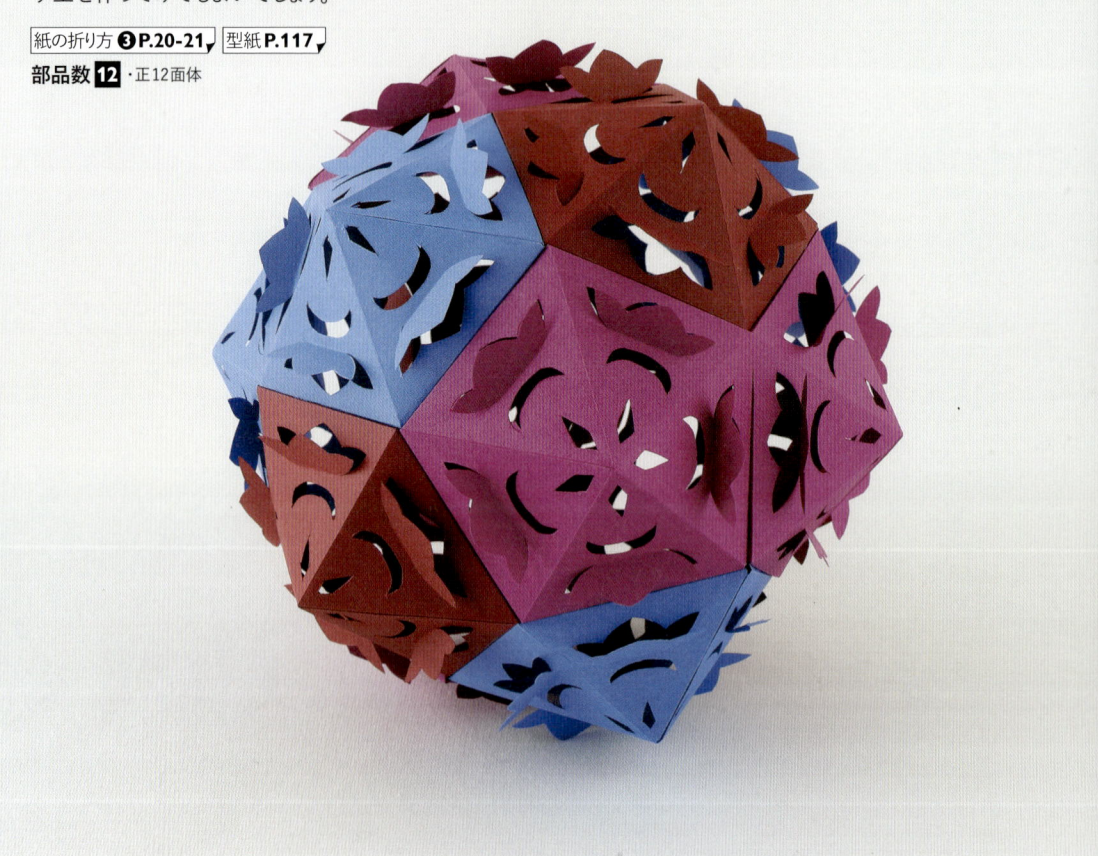

紙の折り方 ❸ P.20-21　型紙 P.117
部品数 12・正12面体

53 バラ
F type
Roses

たくさんの花びらのつけ根を谷折りして折り起こします。どこを見ても満開のバラづくしのくす玉です。手間がかかりますが、花びらのつけ根にしっかり折り筋のクセをつけることが、美しさにつながります。

紙の折り方 ❸ P.20-21　型紙 P.118
部品数 12 ・正12面体

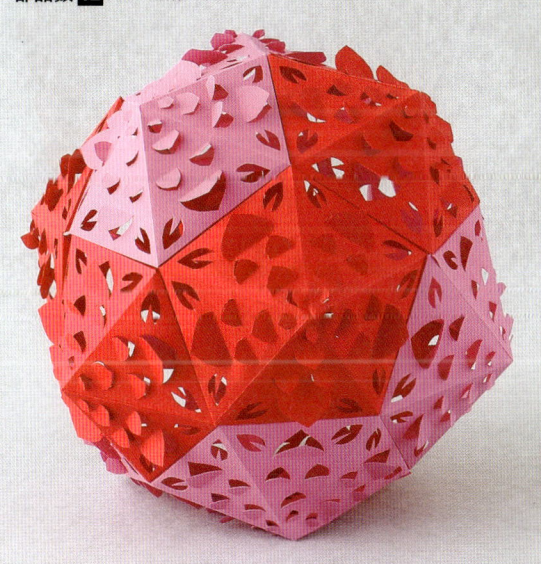

54 雪の花
F type
Snow Flowers

5角形の部品の中央で、花を寄せ貼りして作ります。その花びらの先を竹串で丸めて仕上げます。花びらが立ち上がることで、小窓から向こうのデザインが見えて、手間以上に複雑で凝った印象を見る人に与える作品です。

紙の折り方 ❸ P.20-21　型紙 P.119
部品数 12 ・正12面体

86 Cutting paper

87

G type
星型正12面体

紙の折り方 ❶ P.19
部品数 12

基本は5角形・12面が集まってできあがる正12面体ですが、それぞれの面で頂点が外に突き出るように部品が設計されています。できあがりはコンペイトウのようですが、これにデザインを施してやさしい表情を作ります。
12面すべてを組まず、最後の1面をはずして、その部分からキャンドルやLEDライトなどの光源を入れて、ランプシェードとして使ってもいいでしょう。

1
「折り方1」（P.19）で紙を折り、下書きをしました。これを一旦、すべて開いて、余分な部分を切り取ります。少しでも紙の厚みが少ない方が、切り紙をしやすいからです。

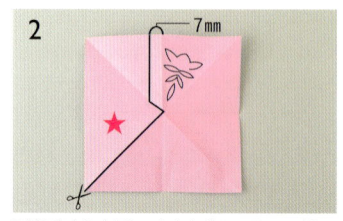

2
下書きをした面の左となりに、7mmの幅でのりしろとなる部分を残して、★のある側の3面を切り離します。

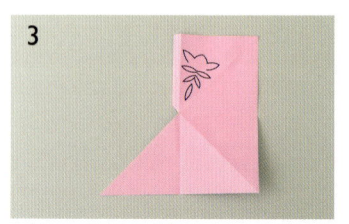

3
2をして、★のある側の3面を切り離しました。これを1の形に折りたたみます。

4
★のあるのりしろの部分を最初に山折りでうしろに送ります。つぎに、下書きをした面の右側を山折りします。

5
上にある折り筋から、谷折り、山折りの順でたたみます。

6
最後に谷折りでたたみます。できたら、上下を入れ替えて回転させます。すると1の形になります。

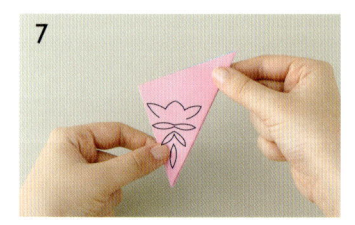

7
余分な紙を切り離して、紙の厚みが最少になりました。その分、切り紙がしやすくなっています。デザインを切ってください。

8
切り紙を終えて開いて、今は裏が見えています。下書きを裏にして、切り紙の左右を入れ替えて裏返します。

9
花びらや葉っぱの折り起こしはそのままにして、それ以外の面と面の間の稜線や、のりしろとの境の折り筋を、すべて山折りします。

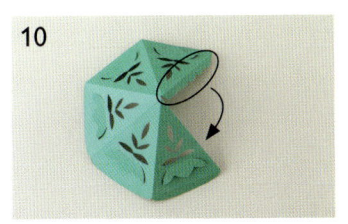

10 9をして、部品が立体的になってきました。〇で囲んだところに接着剤をつまようじで塗りましょう。

11 10ののりしろを、となりの面の裏にくっつけます。稜線と稜線をきっちり合わせましょう。

12 11をしたあとに、10分間ほど接着剤を乾かしました。葉っぱ（作品によっては花びらなど）のつけ根を谷折りして折り起こします。1～12を繰り返して、同じ部品を12そろえます。

13 〇で囲んだところに接着剤をつまようじで塗り、のりしろの形を合わせて、部品どうしを貼り合わせます。

14 形を合わせてくっつけたのりしろを、つまんで持っています。30秒ほどでしっかりくっつきます。

15 のりしろの形を合わせて、部品どうしをつぎつぎに貼り合わせます。

16 6つめの部品を貼り合わせています。ここまで組むと、球体になるように部品どうしが引きつけ合う力が働きます。

17 球体の内側を見ています。それぞれののりしろをつまんで持って、しっかりくっつけることで、美しい仕上がりになります。

18 あと1つの部品を残すのみとなりました。ここでも、のりしろをつまんで持って、しっかりくっつけています。

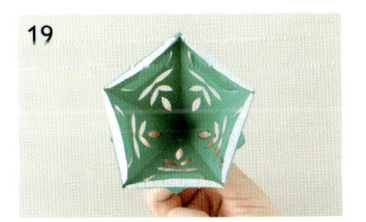

19 最後の部品の接着は、のりしろの部分をつまんで持つことができないので、木工用ボンドでは接着が弱くなります。ここでは両面テープを使い、触れただけでくっつくようにします。

20 形を合わせて、接着します。触れたらくっつくので、落ち着いて作業をしましょう。

21 1時間ほど接着剤を乾かしたあと、葉っぱ（または花びらなど）の部分の折り起こしを調整して、全体の形を整えて、できあがりです。

55 ハートのダンス
G type
Heart Dance

ハートと若葉をモチーフにデザインしました。このくす玉をリボンに吊るして指で軽く回すと、ハートが上下左右に入れ代わり立ち代わり現れて、まるで舞っているように見えます。

紙の折り方 ❶P.19　型紙 P.109
部品数 12 ・星型正12面体

56 アジサイ
G type
Hydrangea

作品見本のような色合わせのほかに、ピンクや白を使った作品も素敵です。葉っぱのつけ根を谷折りして折り起こします。風鈴のかわりに窓辺に吊るすと、涼風に揺れて目に爽やかでしょう。

紙の折り方 ❶P.19　型紙 P.110
部品数 12 ・星型正12面体

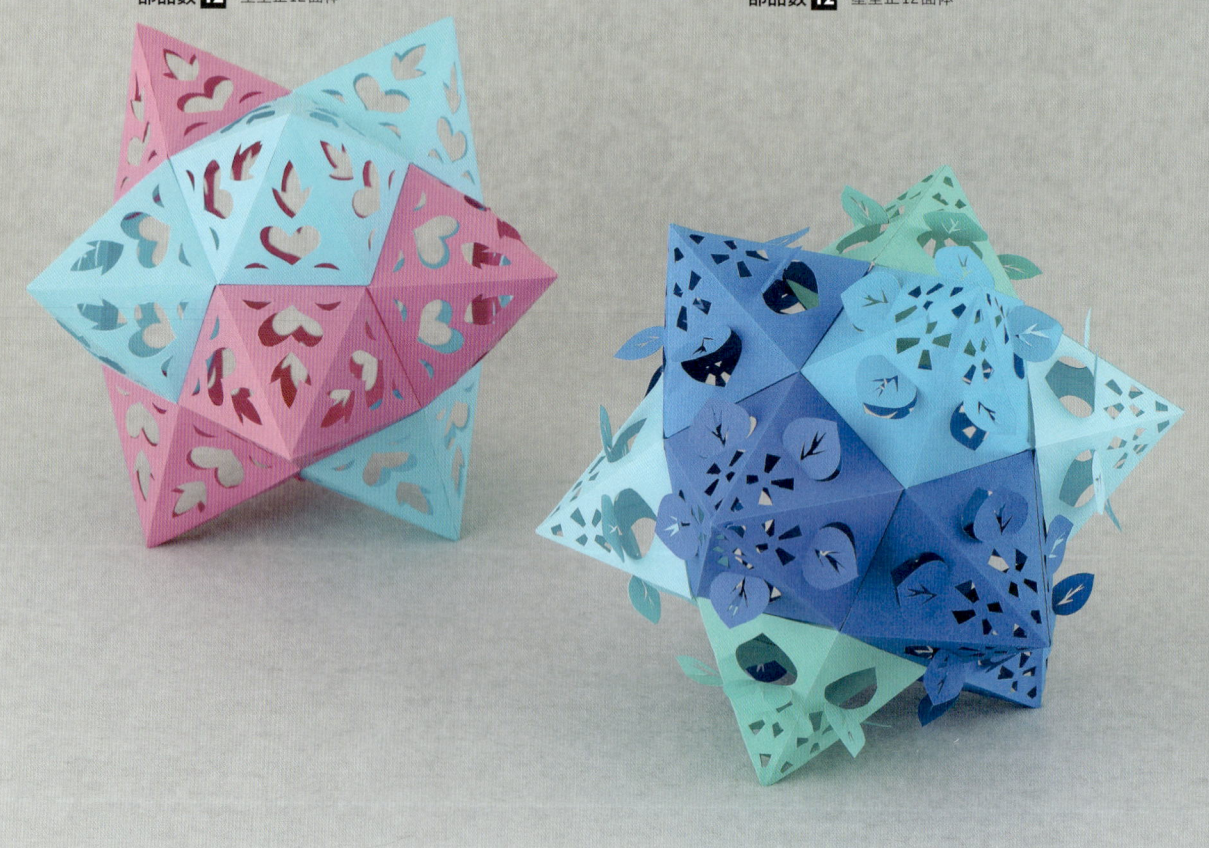

57 葉っぱのシルエット
G type
Silhouette of Leaves

同じ作品を、色違いで作ってみました。左側は秋、右側は初夏の印象が伝わるでしょうか。いくつかの作品を作っていると、自分の好きな色、自分が良いなと思う色合わせに傾向があることに気づきますね。

紙の折り方 ❶ P.19　型紙 P.111
部品数 12 ・星型正12面体

58 ダリア

G type
Dahlia

花びらと葉っぱのつけ根を谷折りして折り起こします。くす玉が完成して、接着剤も完全に乾いたら、形はしっかりしています。ホコリがついたときに、ドライヤー程度の風でホコリを吹き飛ばしても、作品に影響はありません。

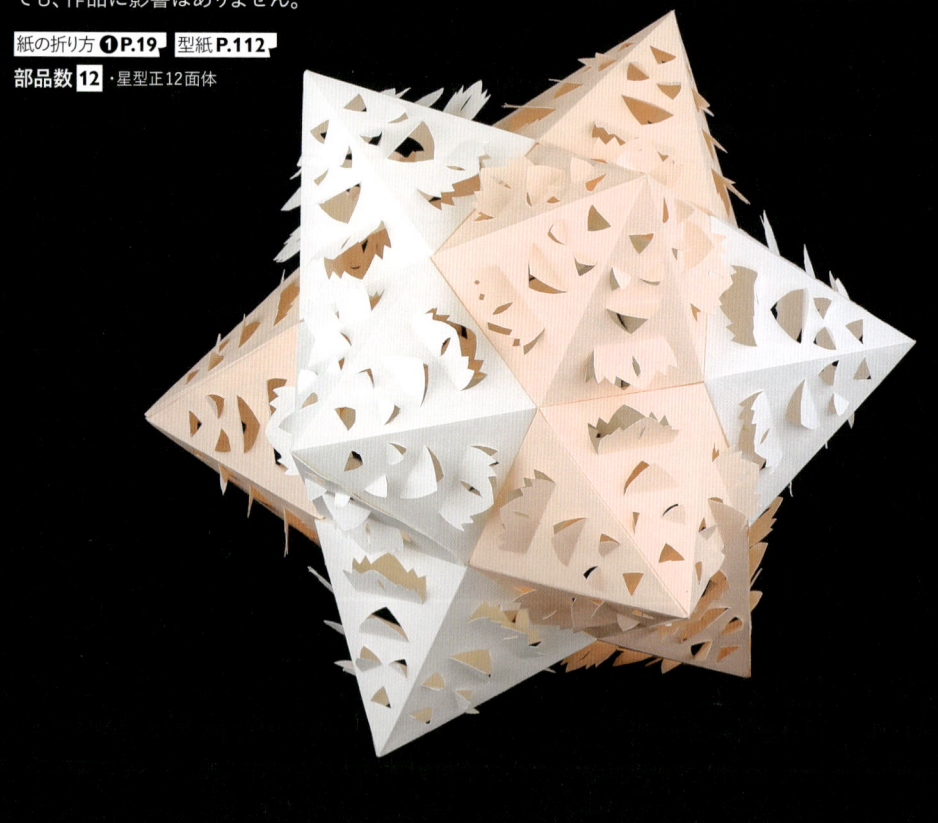

紙の折り方 **❶P.19** 型紙 **P.112**
部品数 **12**・星型正12面体

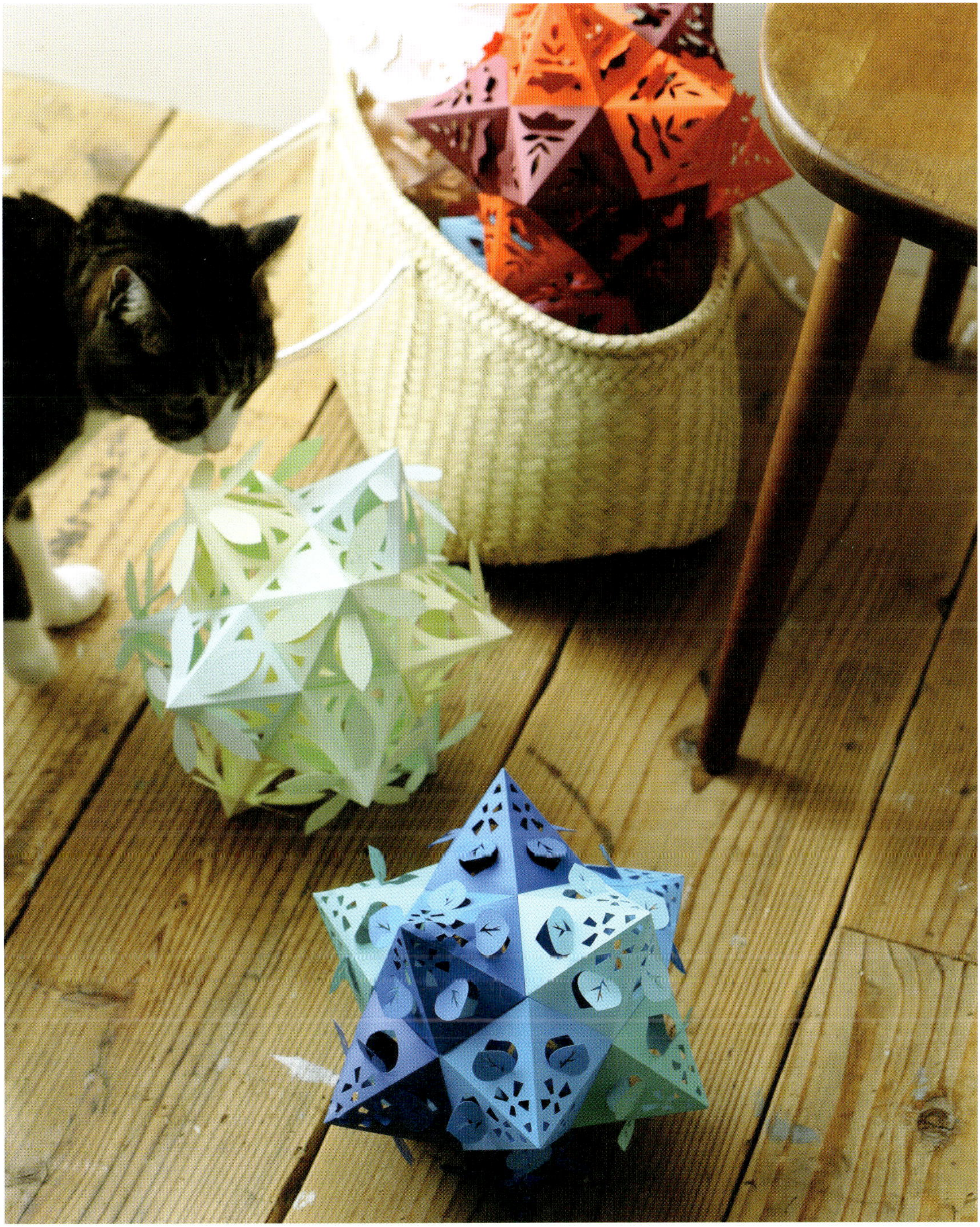

59 そよ風と花
G type
Gentle Breeze & Flowers

花びらのつけ根を谷折りして折り起こします。ただし、その花びらの角度はだいたい同じ、という程度に、そろい過ぎていないくらいが、動きが生まれておもしろいでしょう。

紙の折り方 ❶ P.19　型紙 P.112
部品数 12 ・星型正12面体

60 クリスマス キャンドルとベル
G type
Christmas/Candle & Bell

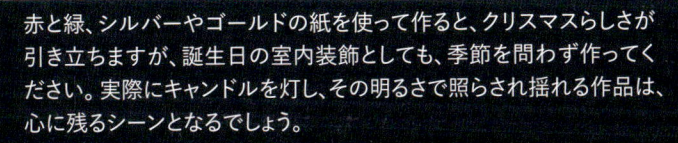

赤と緑、シルバーやゴールドの紙を使って作ると、クリスマスらしさが引き立ちますが、誕生日の室内装飾としても、季節を問わず作ってください。実際にキャンドルを灯し、その明るさで照らされ揺れる作品は、心に残るシーンとなるでしょう。

紙の折り方 ❶P.19　型紙 P.113
部品数 12 ・星型正12面体

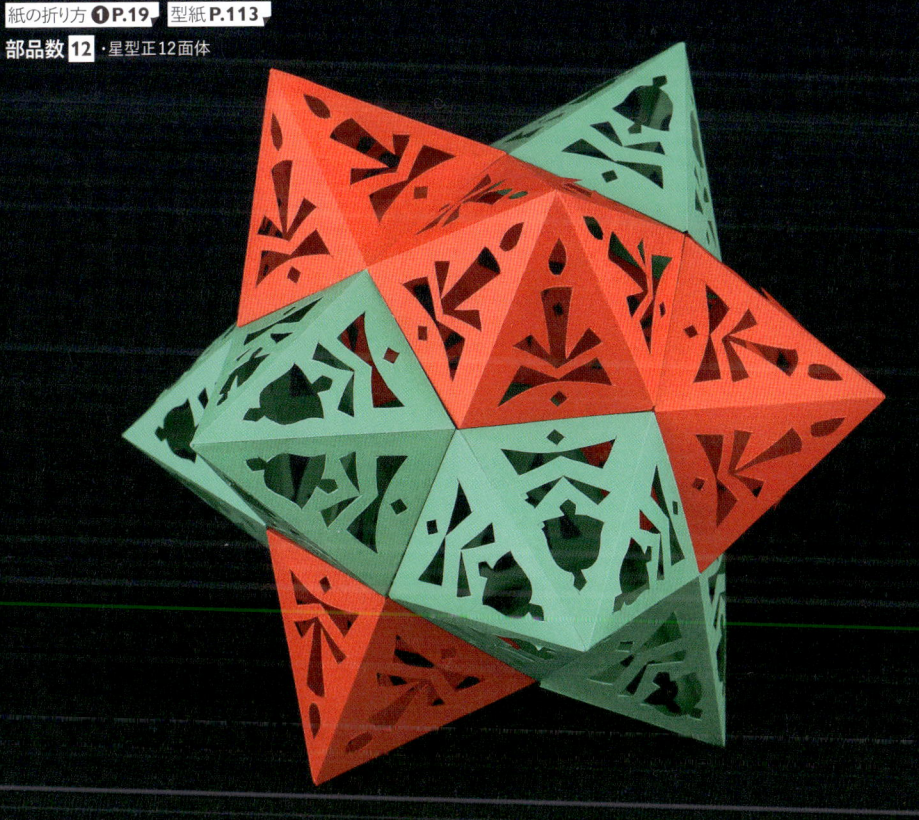

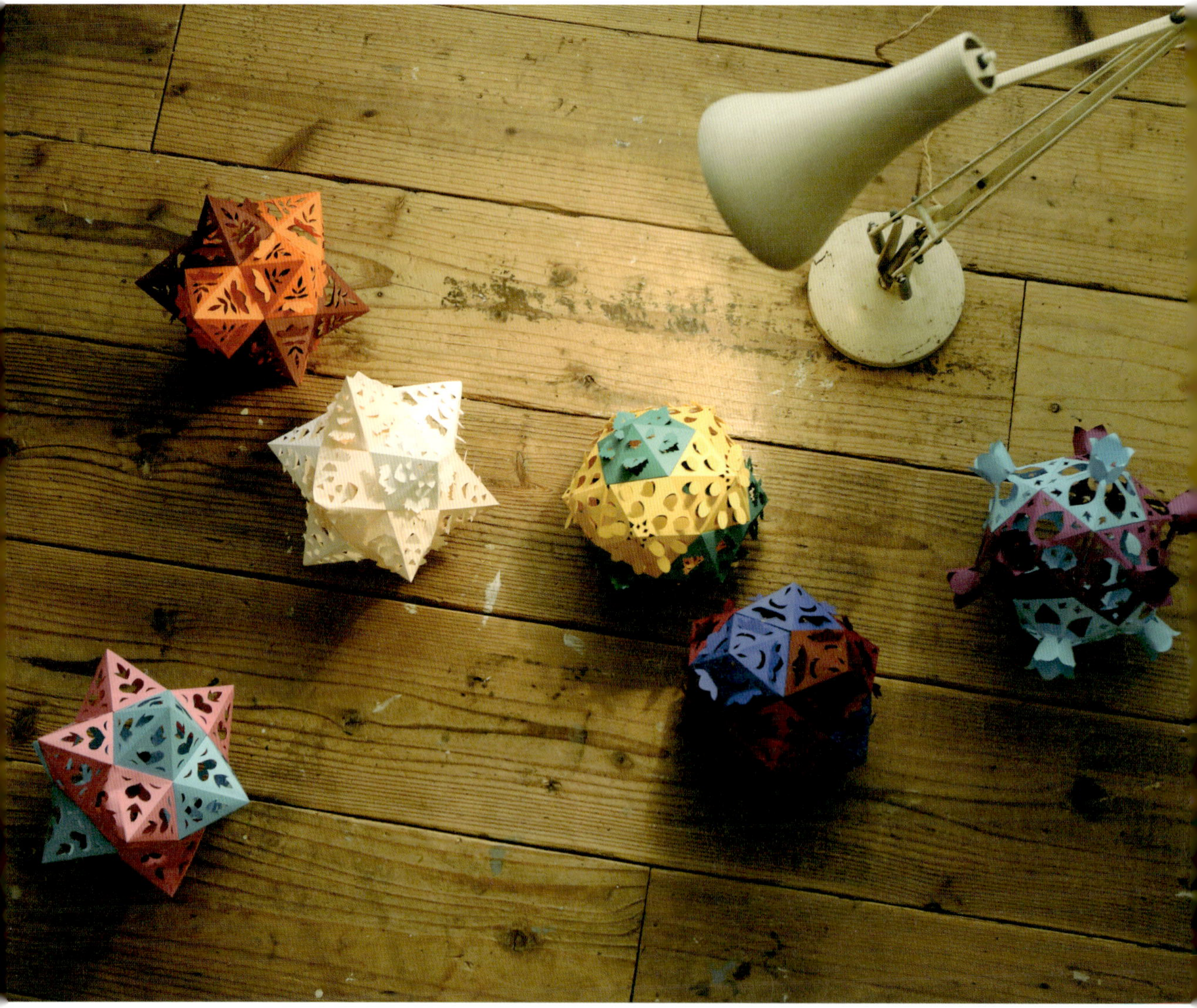

切り紙でつくる花のくす玉

コピーをとって使える
型紙集

　紙は作品に合わせて、折り方や厚みを少なくする手順を確認し、準備してください。型紙は150×150mmのサイズにぴったり合います。
　この型紙を、80％で縮小コピーをとると、120×120mmのサイズ、120％で拡大コピーをとると、180×180mmのサイズに合います。作品の大きさを変えて作るときの目安にしてください。

型紙をコピーするときの比率

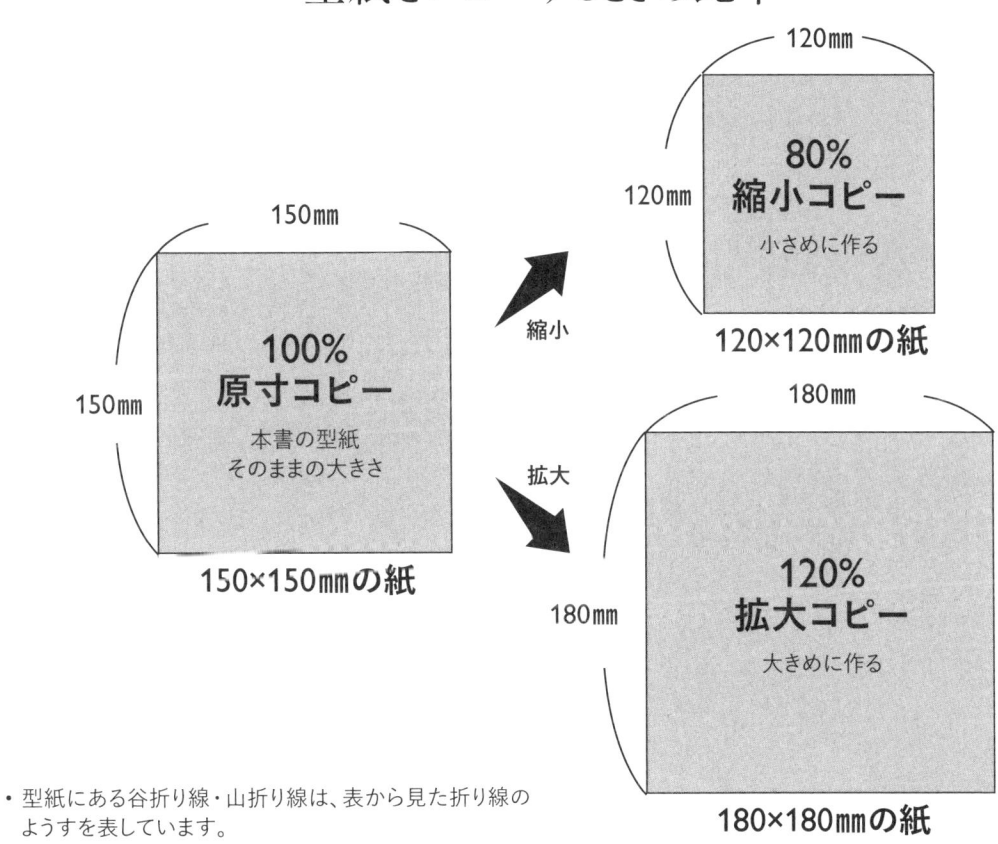

100％ 原寸コピー
本書の型紙そのままの大きさ
150×150mmの紙

縮小 →

80％ 縮小コピー
小さめに作る
120×120mmの紙

拡大 →

120％ 拡大コピー
大きめに作る
180×180mmの紙

・型紙にある谷折り線・山折り線は、表から見た折り線のようすを表しています。

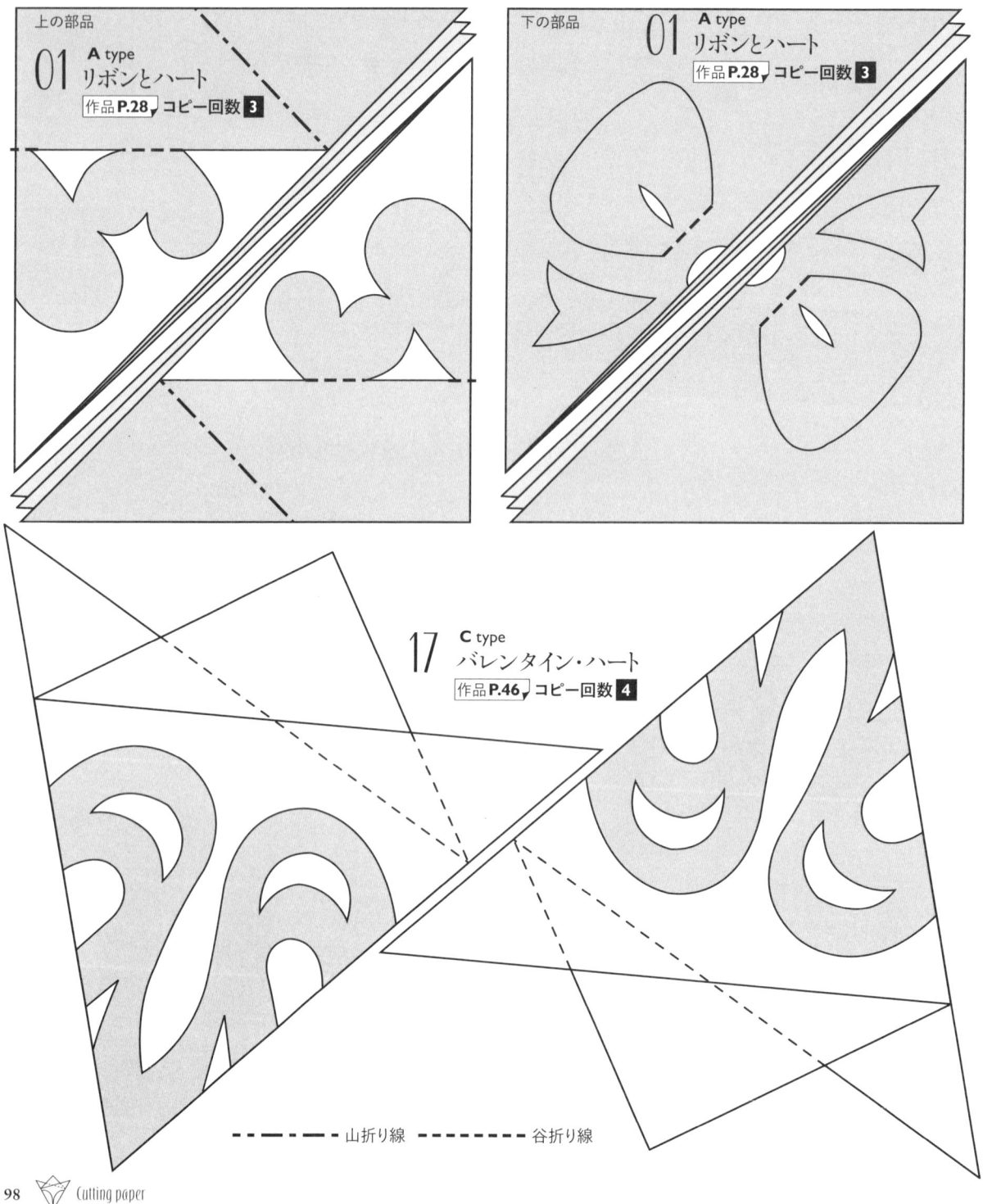

上の部品
01 A type
リボンとハート
作品 **P.28** コピー回数 **3**

下の部品
01 A type
リボンとハート
作品 **P.28** コピー回数 **3**

17 C type
バレンタイン・ハート
作品 **P.46** コピー回数 **4**

—·—·— 山折り線   ------- 谷折り線

Cutting paper

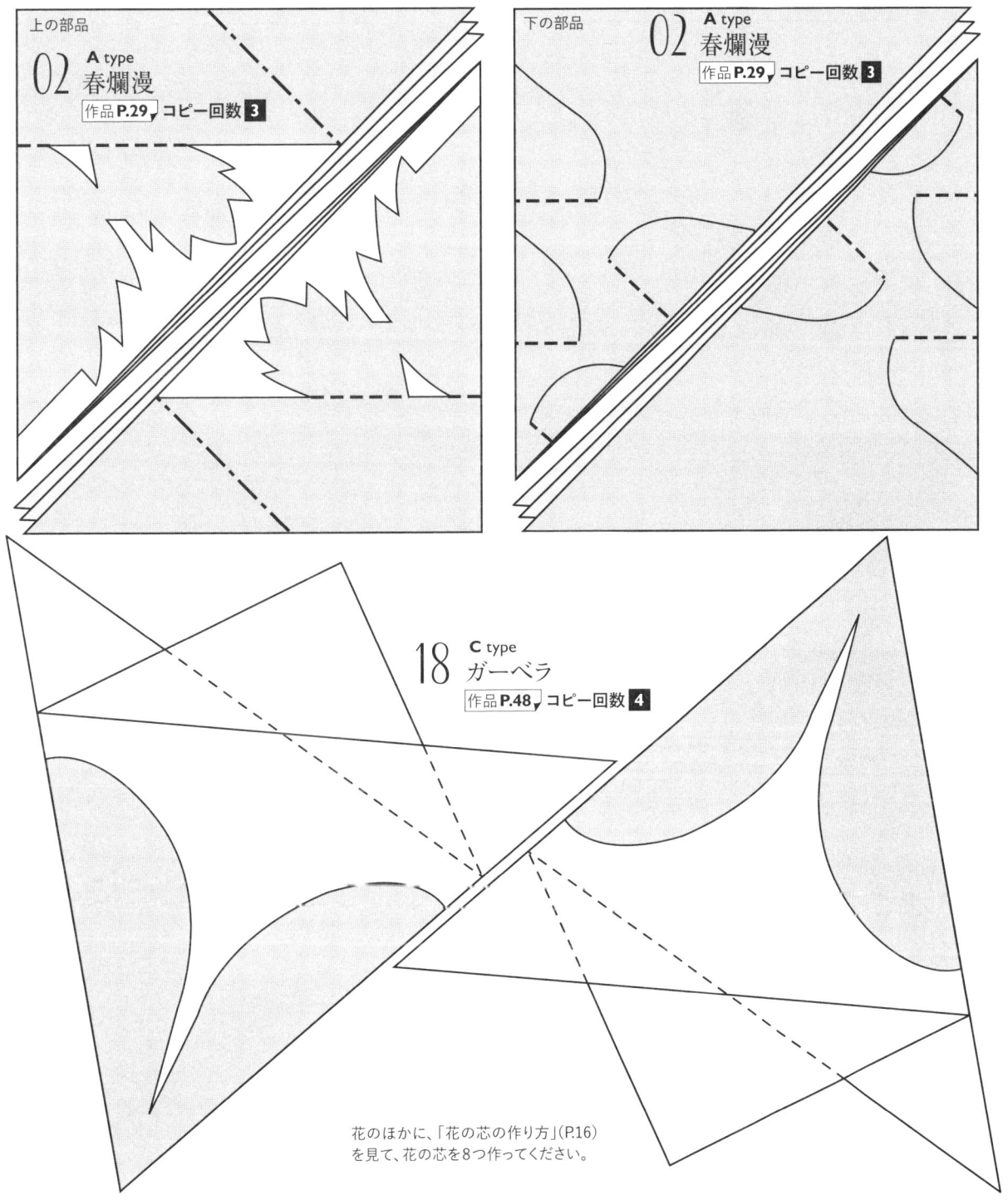

上の部品
02 **A** type
春爛漫
作品 **P.29** コピー回数 **3**

下の部品
02 **A** type
春爛漫
作品 **P.29** コピー回数 **3**

18 **C** type
ガーベラ
作品 **P.48** コピー回数 **4**

花のほかに、「花の芯の作り方」(P.16)を見て、花の芯を8つ作ってください。

上の部品

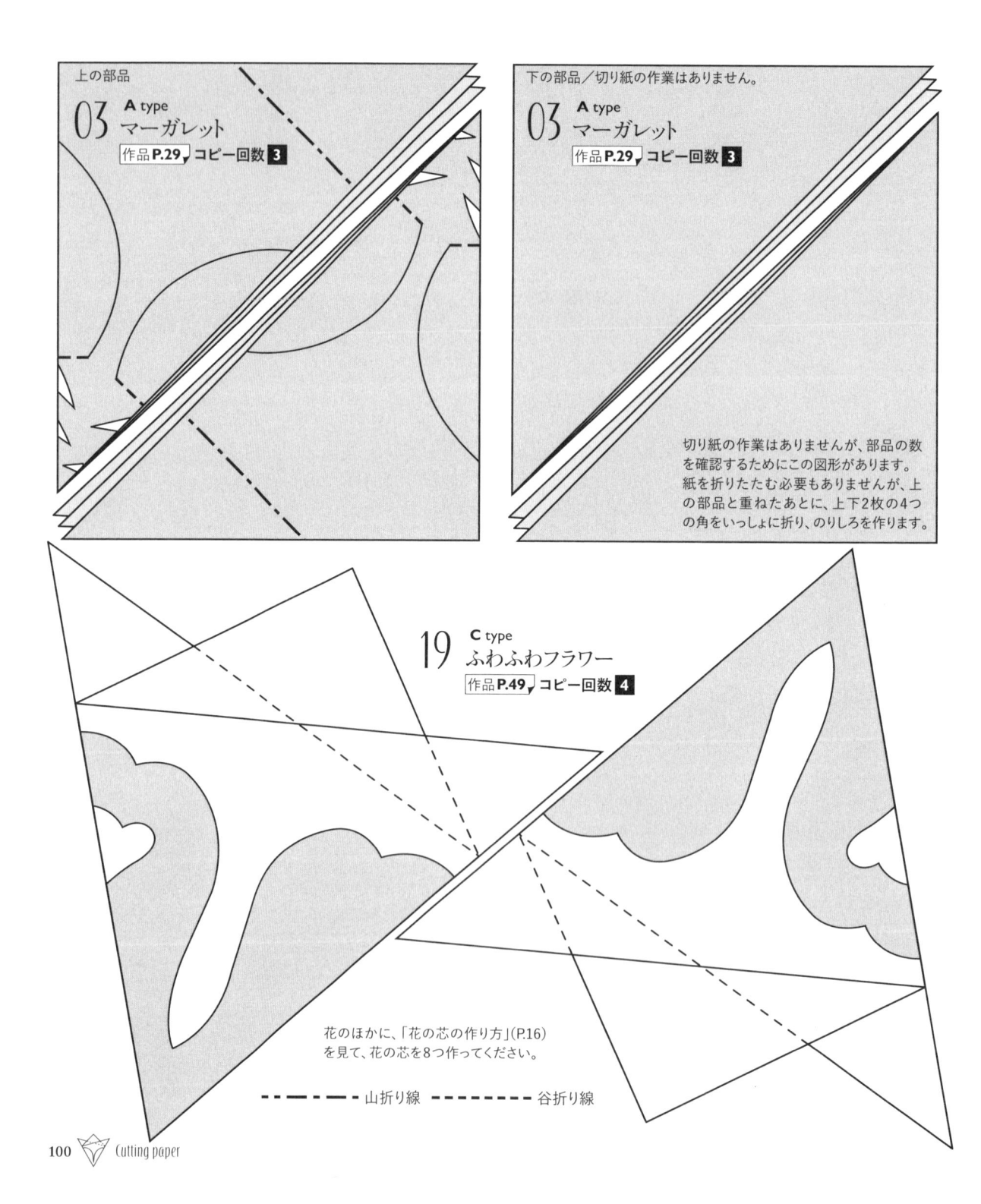

03 **A** type マーガレット
作品 **P.29** コピー回数 **3**

下の部品／切り紙の作業はありません。

03 **A** type マーガレット
作品 **P.29** コピー回数 **3**

切り紙の作業はありませんが、部品の数を確認するためにこの図形があります。紙を折りたたむ必要もありませんが、上の部品と重ねたあとに、上下2枚の4つの角をいっしょに折り、のりしろを作ります。

19 **C** type ふわふわフラワー
作品 **P.49** コピー回数 **4**

花のほかに、「花の芯の作り方」(P.16) を見て、花の芯を8つ作ってください。

―・―・― 山折り線　　-------- 谷折り線

上の部品

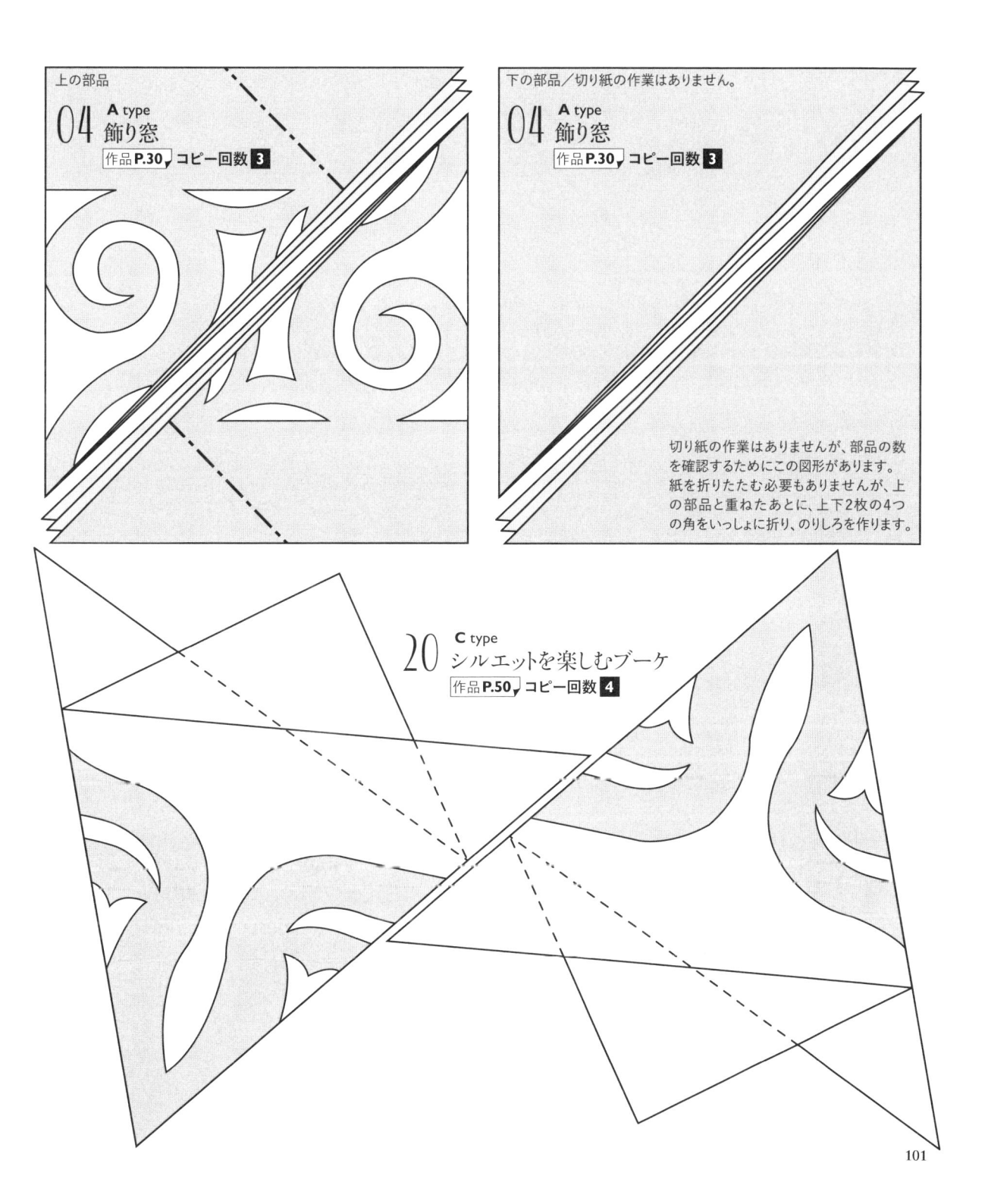

04 A type 飾り窓
作品 P.30　コピー回数 3

下の部品／切り紙の作業はありません。

04 A type 飾り窓
作品 P.30　コピー回数 3

切り紙の作業はありませんが、部品の数を確認するためにこの図形があります。紙を折りたたむ必要もありませんが、上の部品と重ねたあとに、上下2枚の4つの角をいっしょに折り、のりしろを作ります。

20 C type シルエットを楽しむブーケ
作品 P.50　コピー回数 4

上の部品

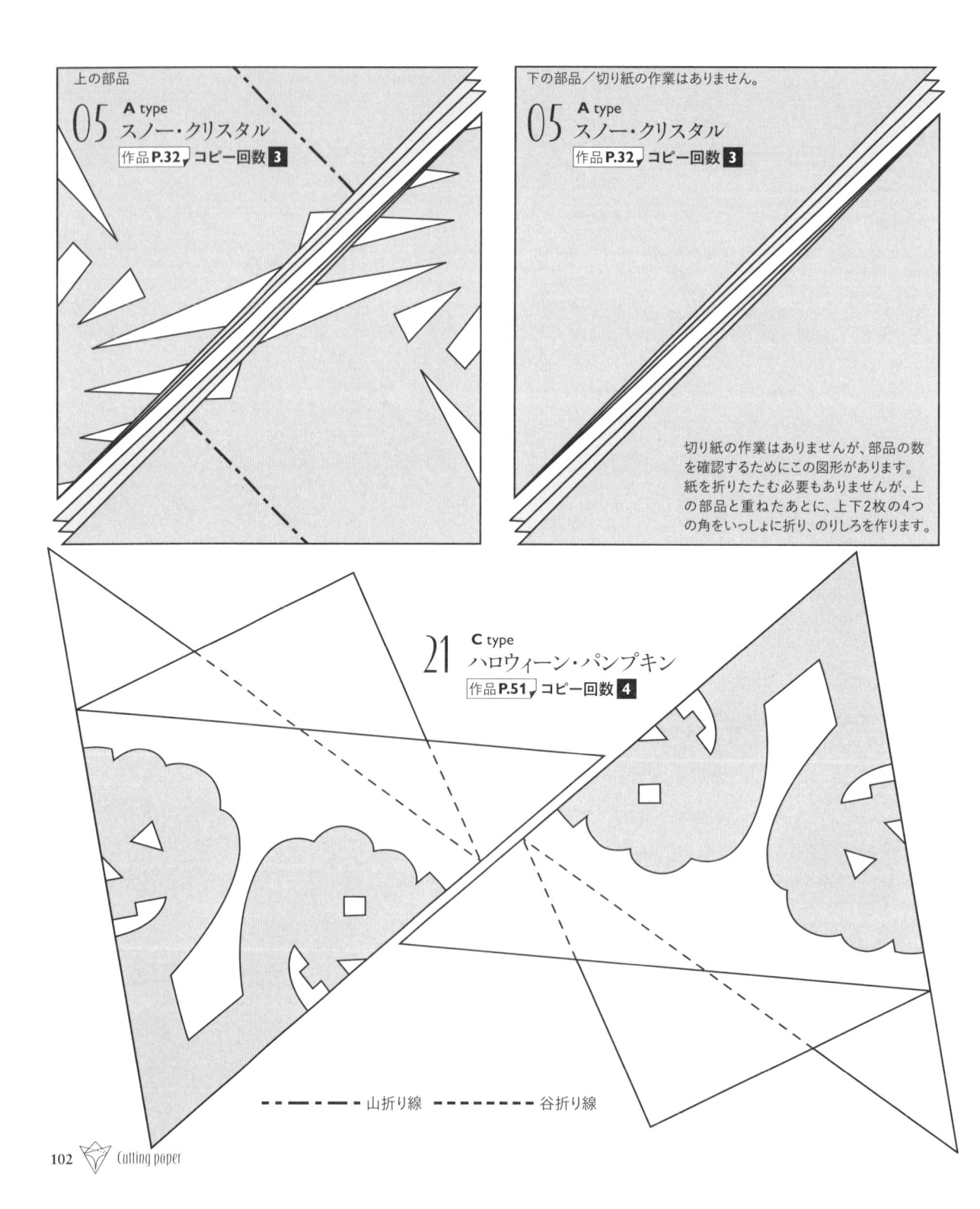

05 A type
スノー・クリスタル
作品 **P.32** コピー回数 **3**

下の部品／切り紙の作業はありません。

05 A type
スノー・クリスタル
作品 **P.32** コピー回数 **3**

切り紙の作業はありませんが、部品の数を確認するためにこの図形があります。紙を折りたたむ必要もありませんが、上の部品と重ねたあとに、上下2枚の4つの角をいっしょに折り、のりしろを作ります。

21 C type
ハロウィーン・パンプキン
作品 **P.51** コピー回数 **4**

—・—・— 山折り線　- - - - - - - 谷折り線

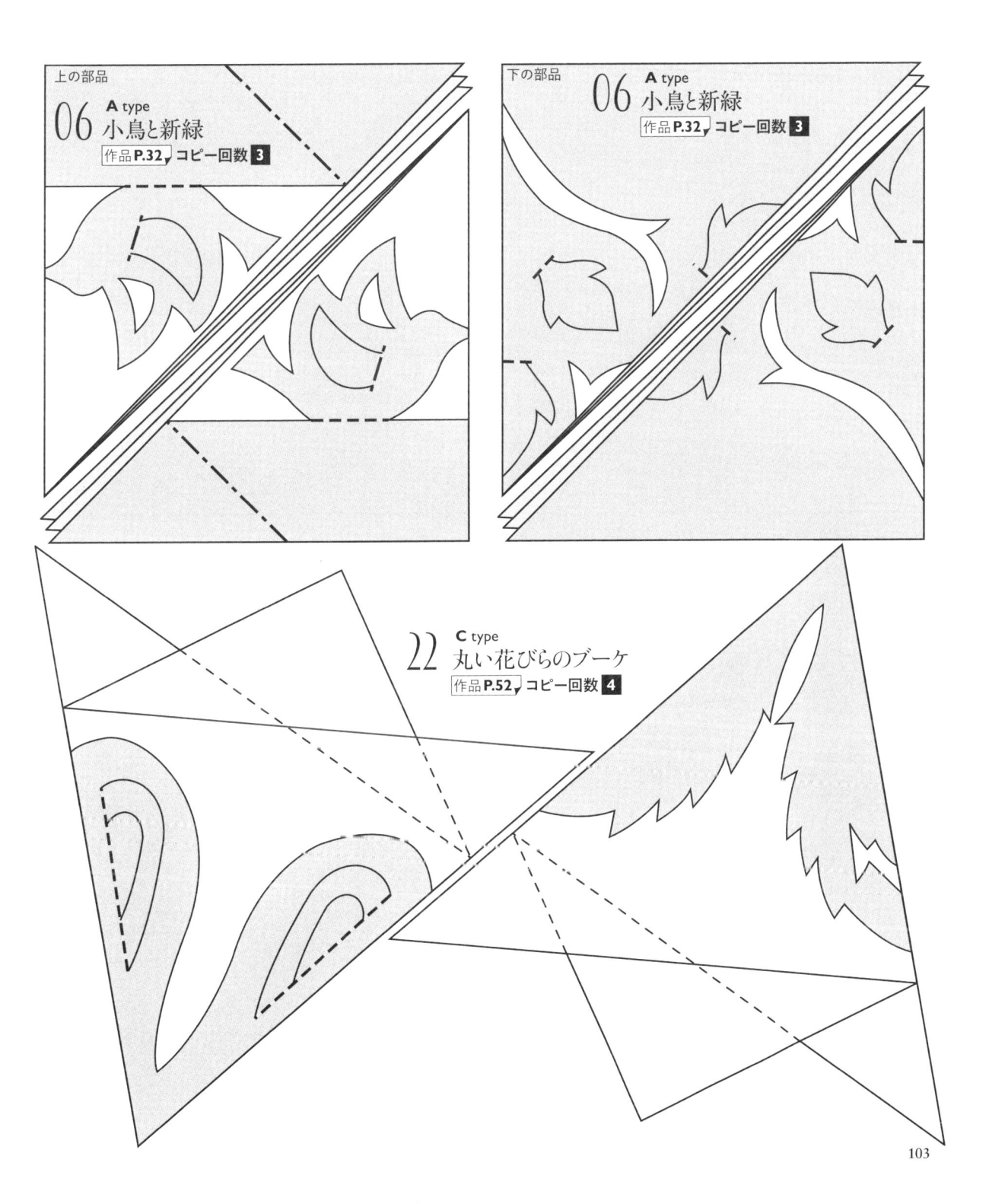

上の部品
06 小鳥と新緑
A type
作品 **P.32** コピー回数 **3**

下の部品
06 小鳥と新緑
A type
作品 **P.32** コピー回数 **3**

22 丸い花びらのブーケ
C type
作品 **P.52** コピー回数 **4**

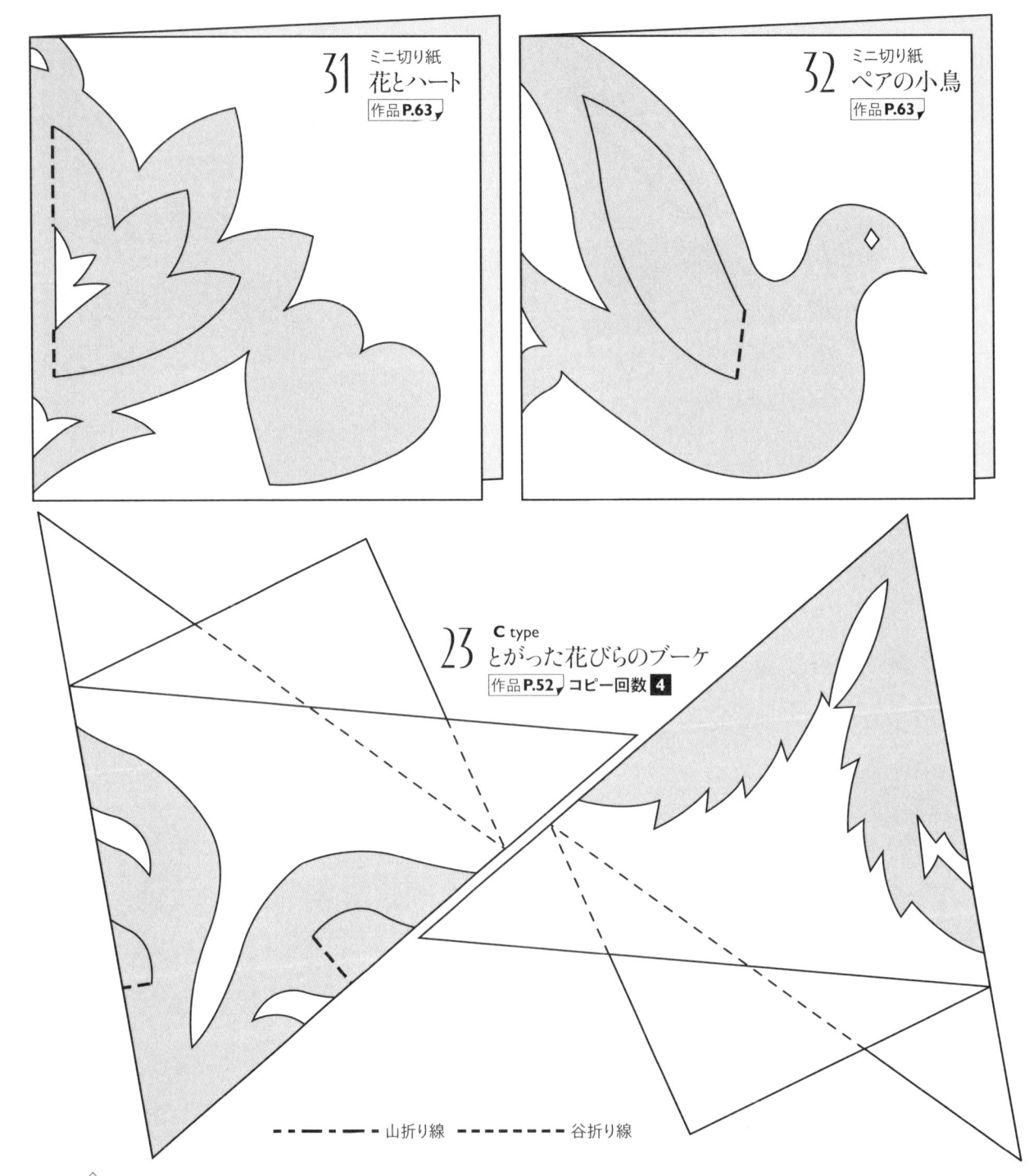

31 ミニ切り紙
花とハート
作品 P.63

32 ミニ切り紙
ペアの小鳥
作品 P.63

23 C type
とがった花びらのブーケ
作品 P.52　コピー回数 4

——・—— 山折り線　――――― 谷折り線

104　Cutting paper

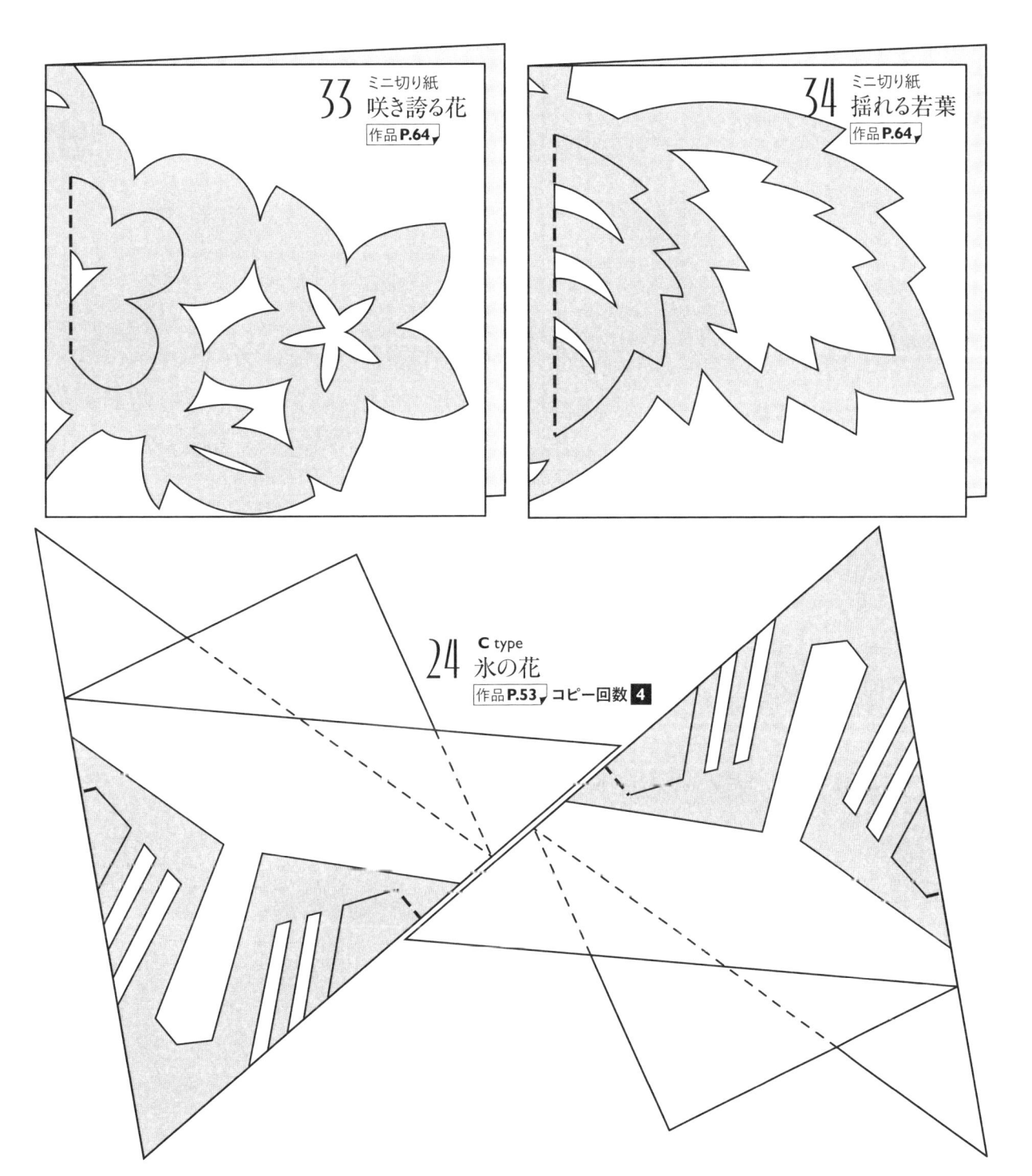

33 ミニ切り紙
咲き誇る花
作品 P.64

34 ミニ切り紙
揺れる若葉
作品 P.64

24 C type
氷の花
作品 P.53 コピー回数 4

105

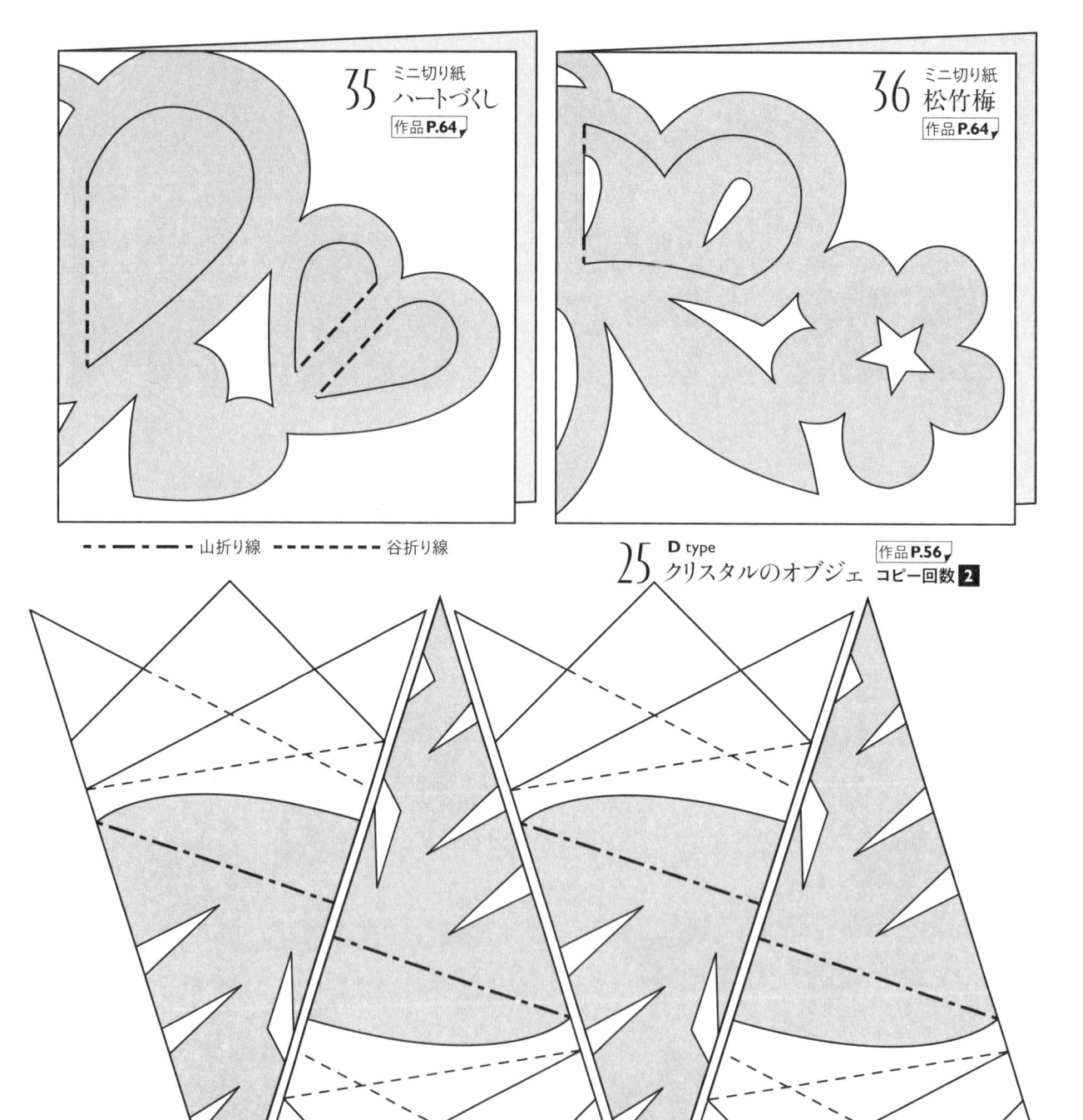

35 ミニ切り紙 ハートづくし
作品 P.64

36 ミニ切り紙 松竹梅
作品 P.64

—・—・— 山折り線　------ 谷折り線

25 D type クリスタルのオブジェ
作品 P.56　コピー回数 2

106 Cutting paper

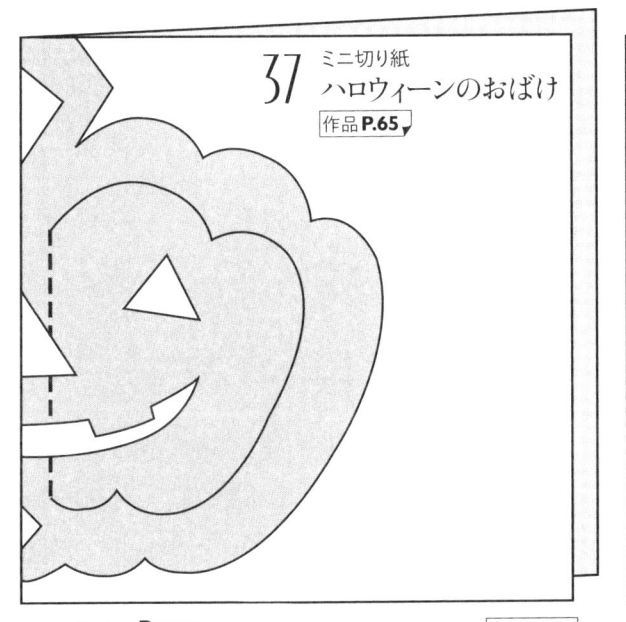

37 ミニ切り紙 ハロウィーンのおばけ
作品 P.65

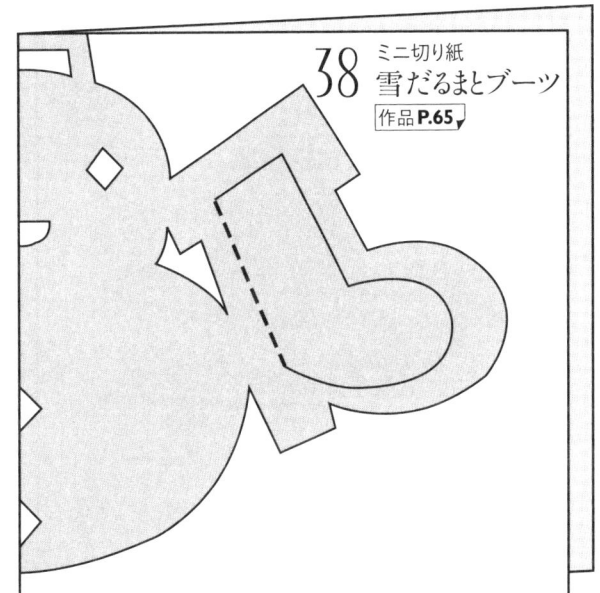

38 ミニ切り紙 雪だるまとブーツ
作品 P.65

26 D type 母の日・ハートとカーネーション
作品 P.56　コピー回数 2

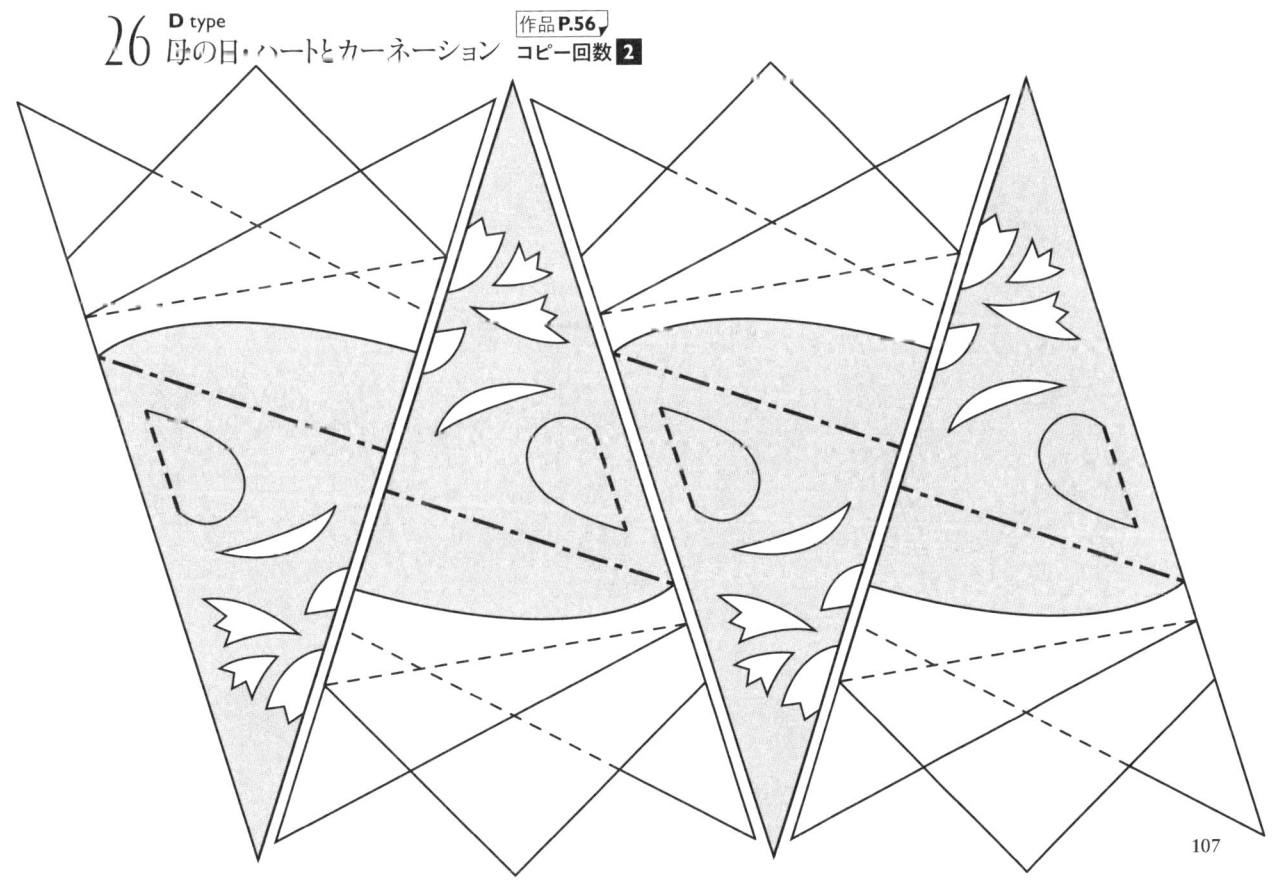

107

39 ミニ切り紙
チョウと花
作品 P.65

40 ミニ切り紙
ティアラ
作品 P.65

―・―・― 山折り線　――――― 谷折り線

27 D type
チョウのダンス
作品 P.58　コピー回数 2

108 Cutting paper

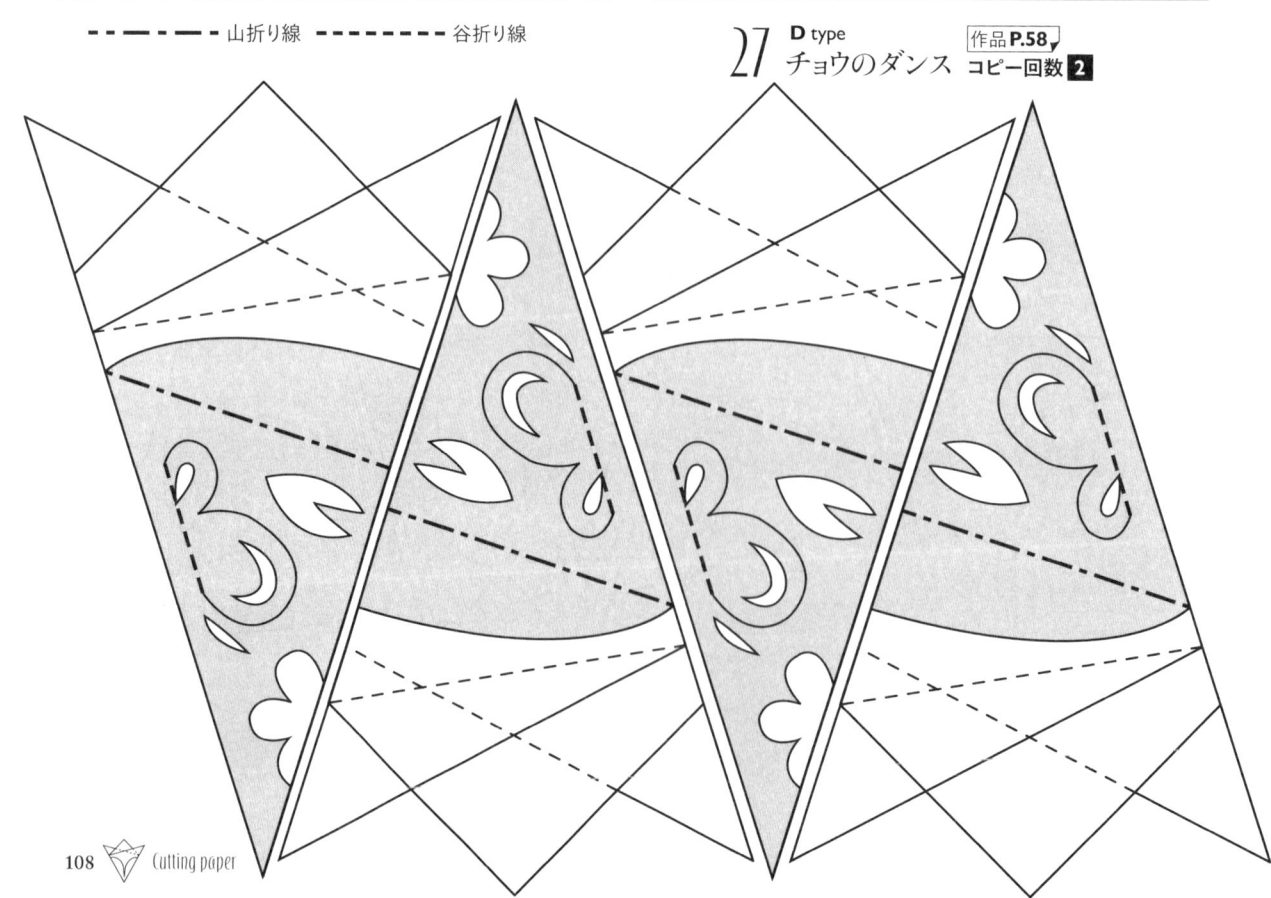

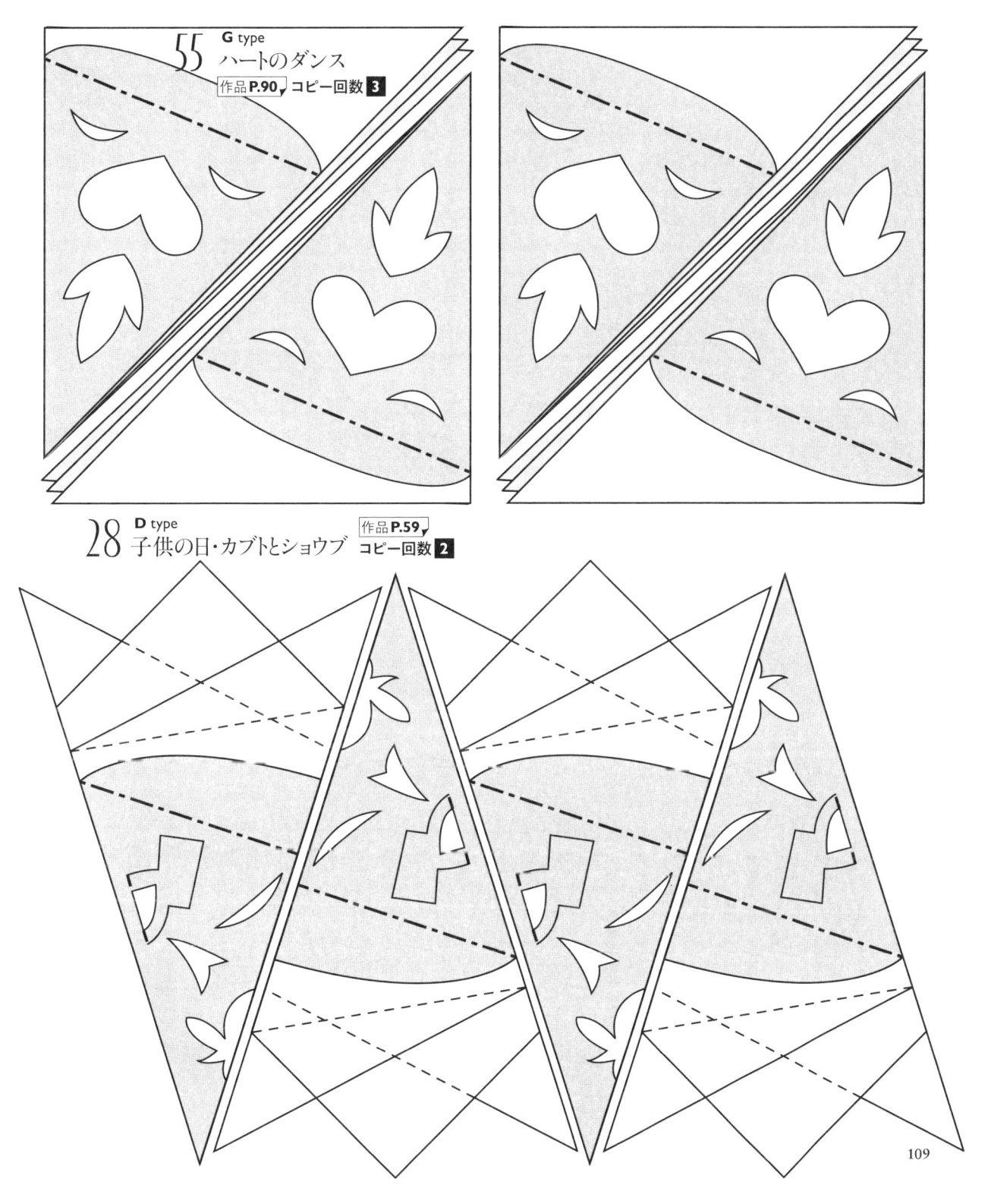

55 ハートのダンス
G type
作品 **P.90** コピー回数 **3**

28 子供の日・カブトとショウブ
D type
作品 **P.59** コピー回数 **2**

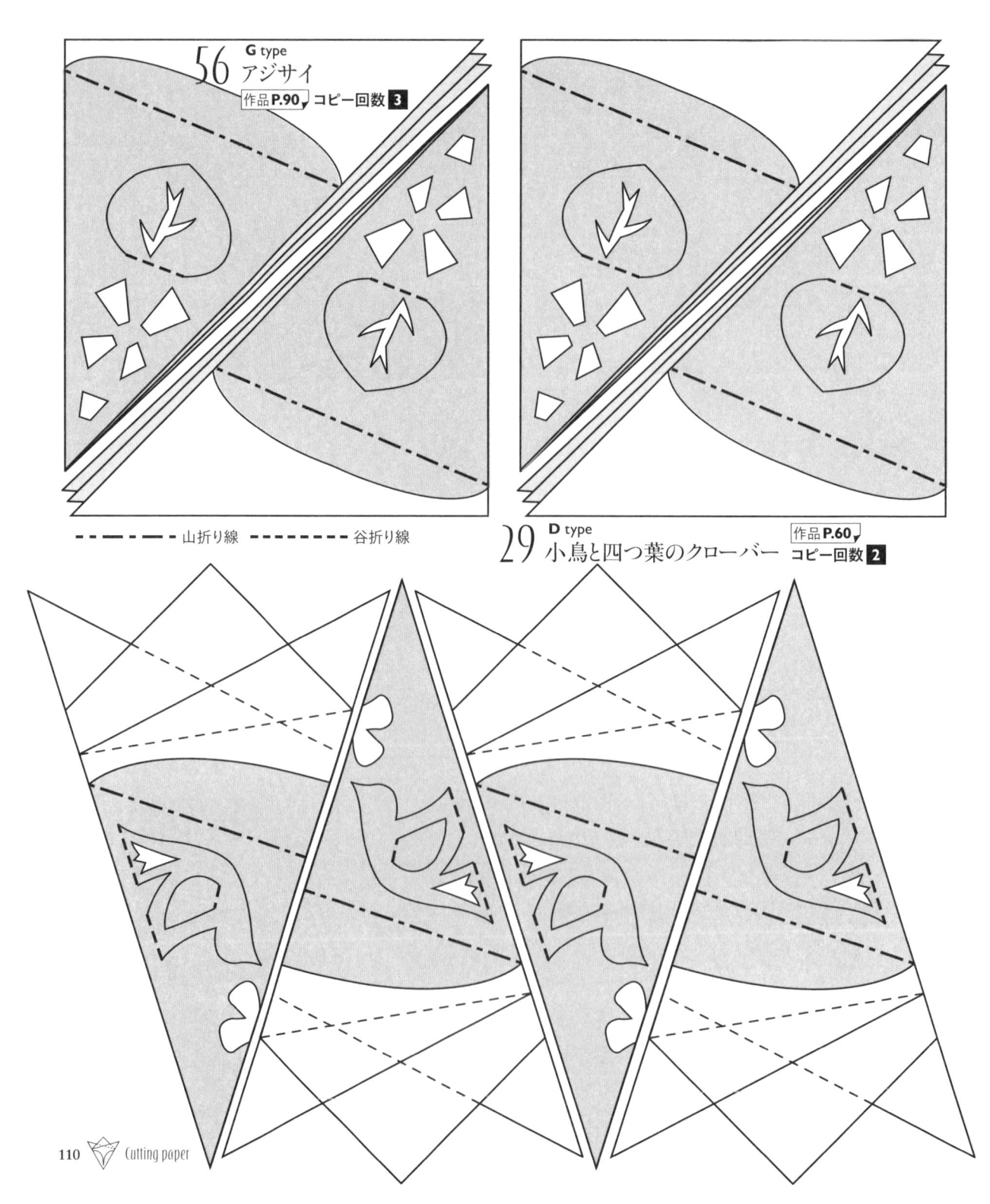

56 アジサイ
G type
作品 P.90　コピー回数 3

----- 山折り線　------ 谷折り線

29 小鳥と四つ葉のクローバー
D type
作品 P.60　コピー回数 2

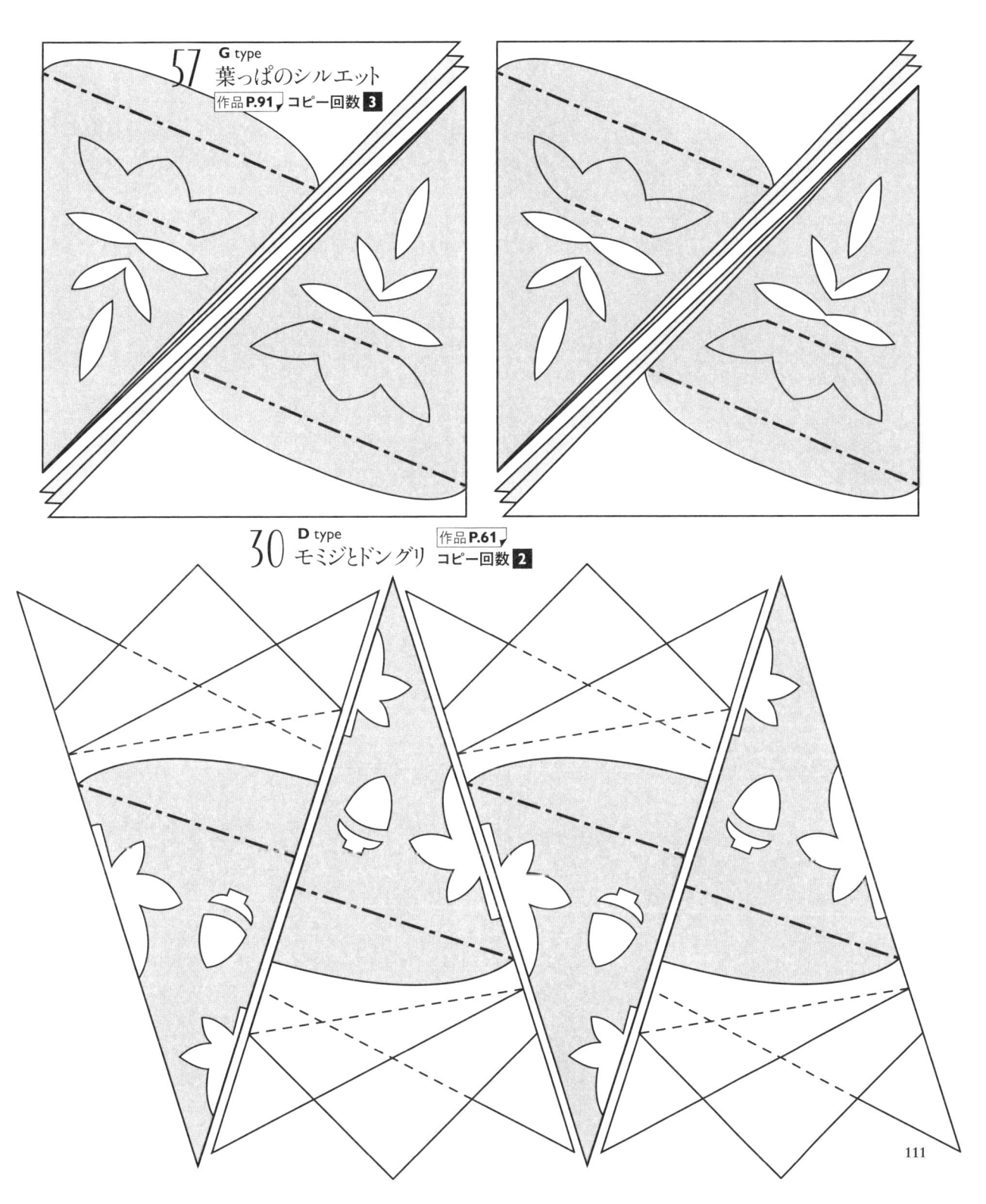

57 G type 葉っぱのシルエット
作品 P.91 コピー回数 3

30 D type モミジとドングリ
作品 P.61 コピー回数 2

58 G type ダリア 作品 P.92 コピー回数 3

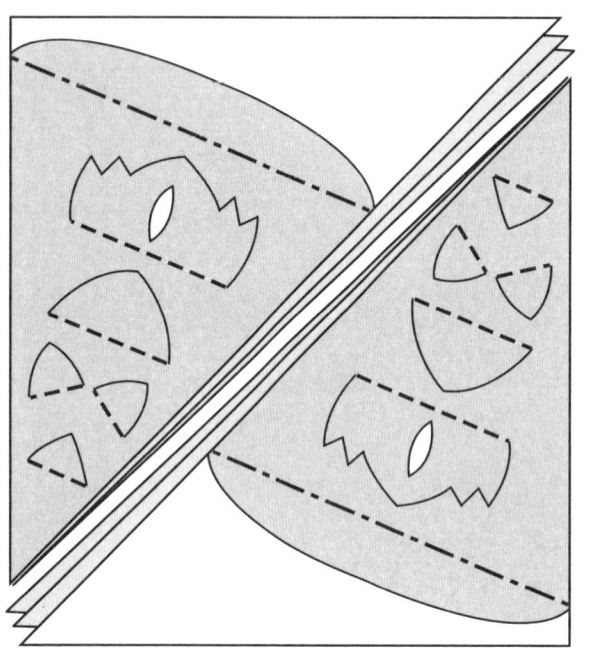

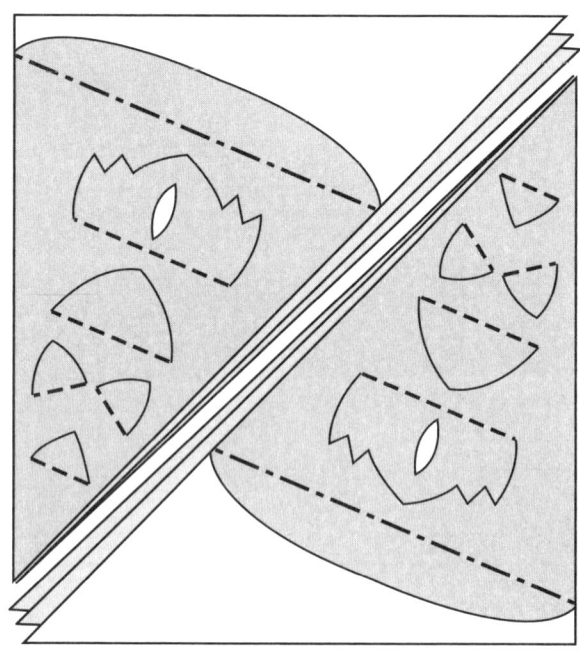

59 G type そよ風と花 作品 P.94 コピー回数 3

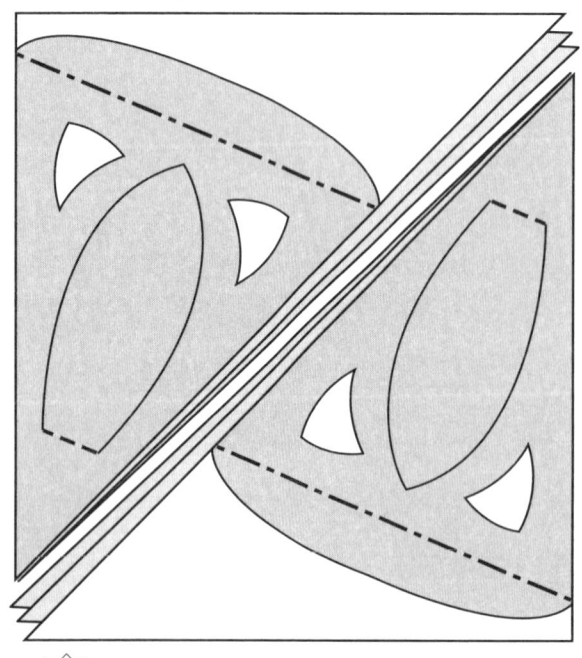

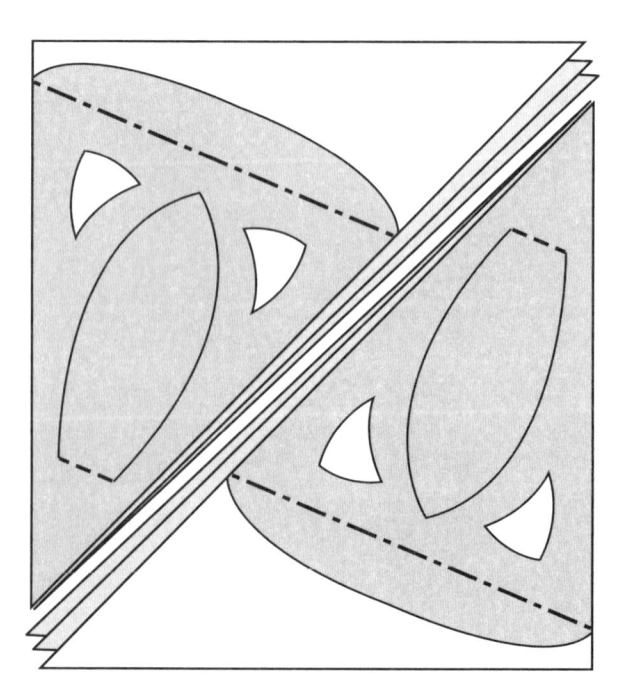

112 Cutting paper

60 G type クリスマス キャンドルとベル
作品 **P.95** コピー回数 **3**

―・―・― 山折り線　------- 谷折り線

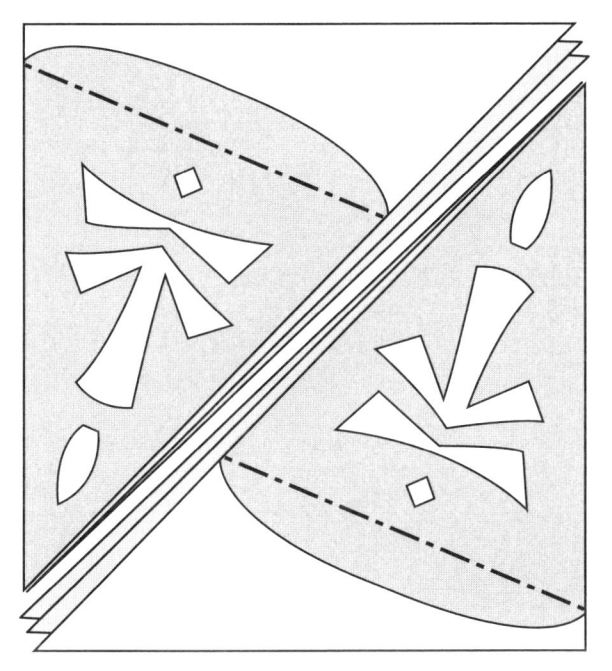

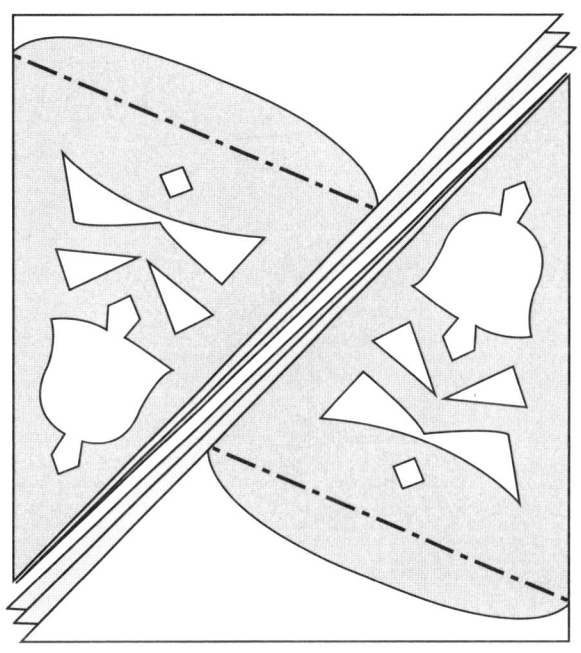

07 B type 雪の星 6頂点
作品 **P.37** コピー回数 **3**

08 B type 雪の星 7頂点
作品 **P.37** コピー回数 **4**

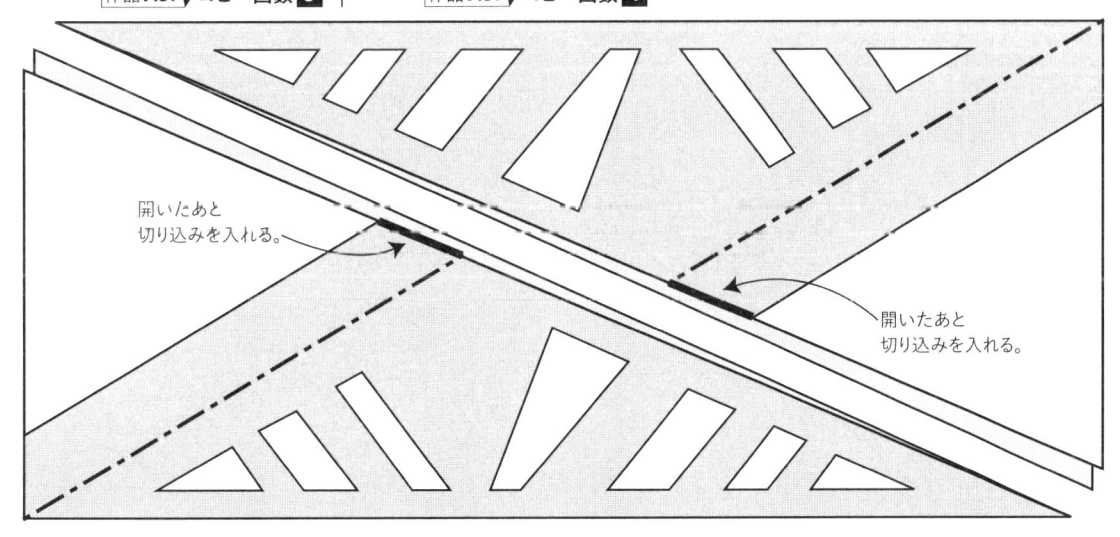

開いたあと切り込みを入れる。

開いたあと切り込みを入れる。

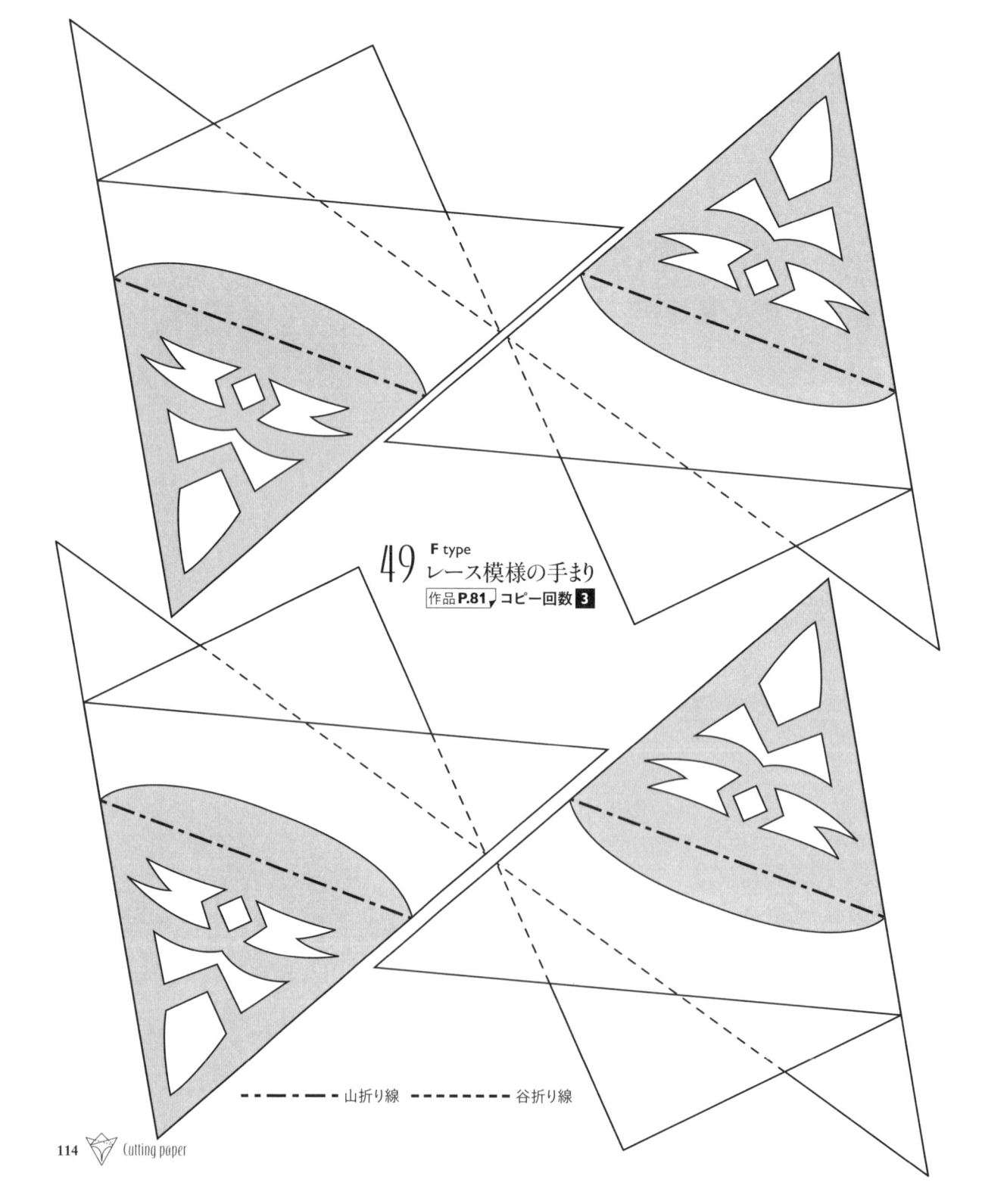

49 F type
レース模様の手まり
作品 **P.81** コピー回数 **3**

―・―・― 山折り線　――――― 谷折り線

50 **F** type
チューリップ

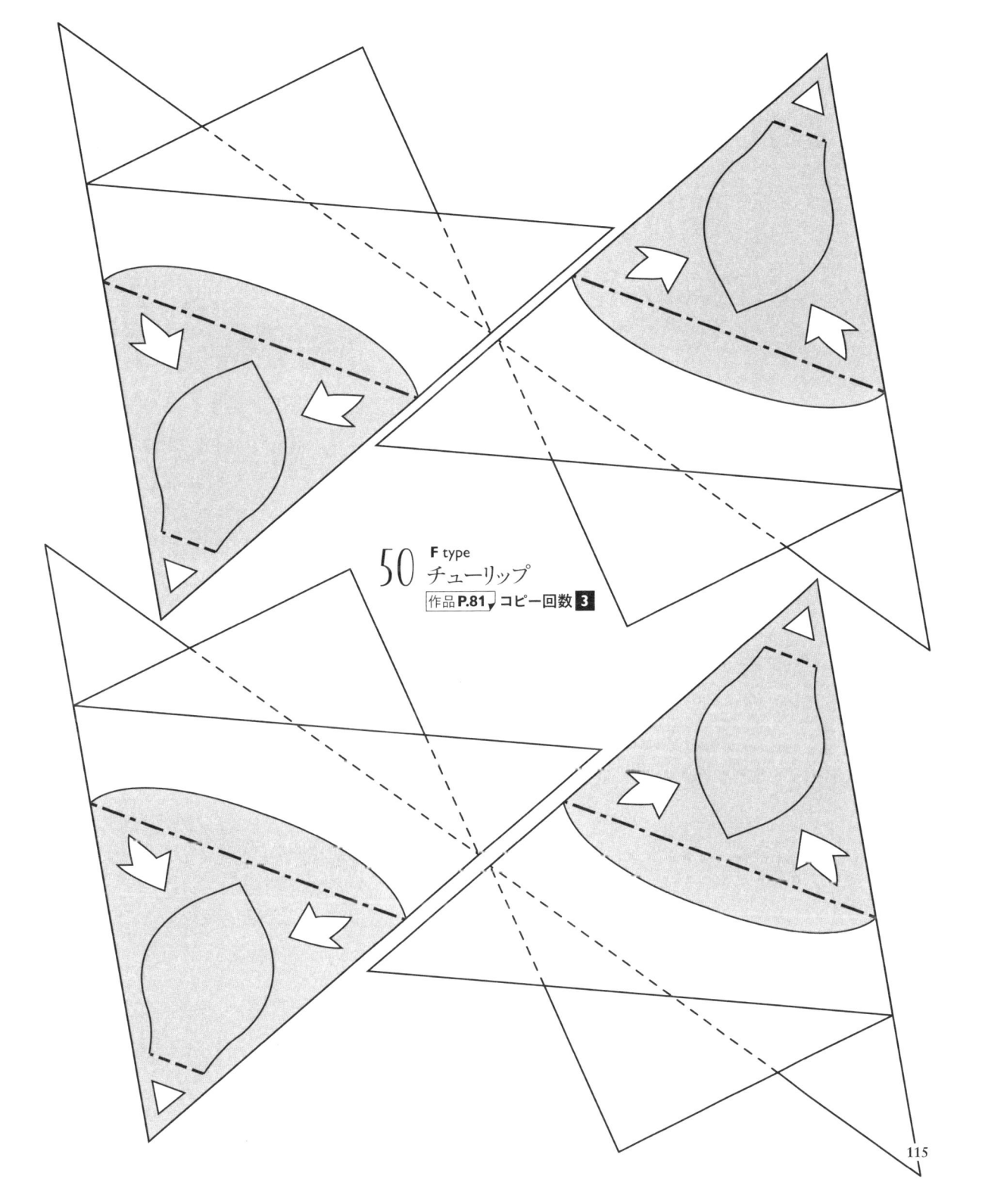

作品 **P.81**　コピー回数 **3**

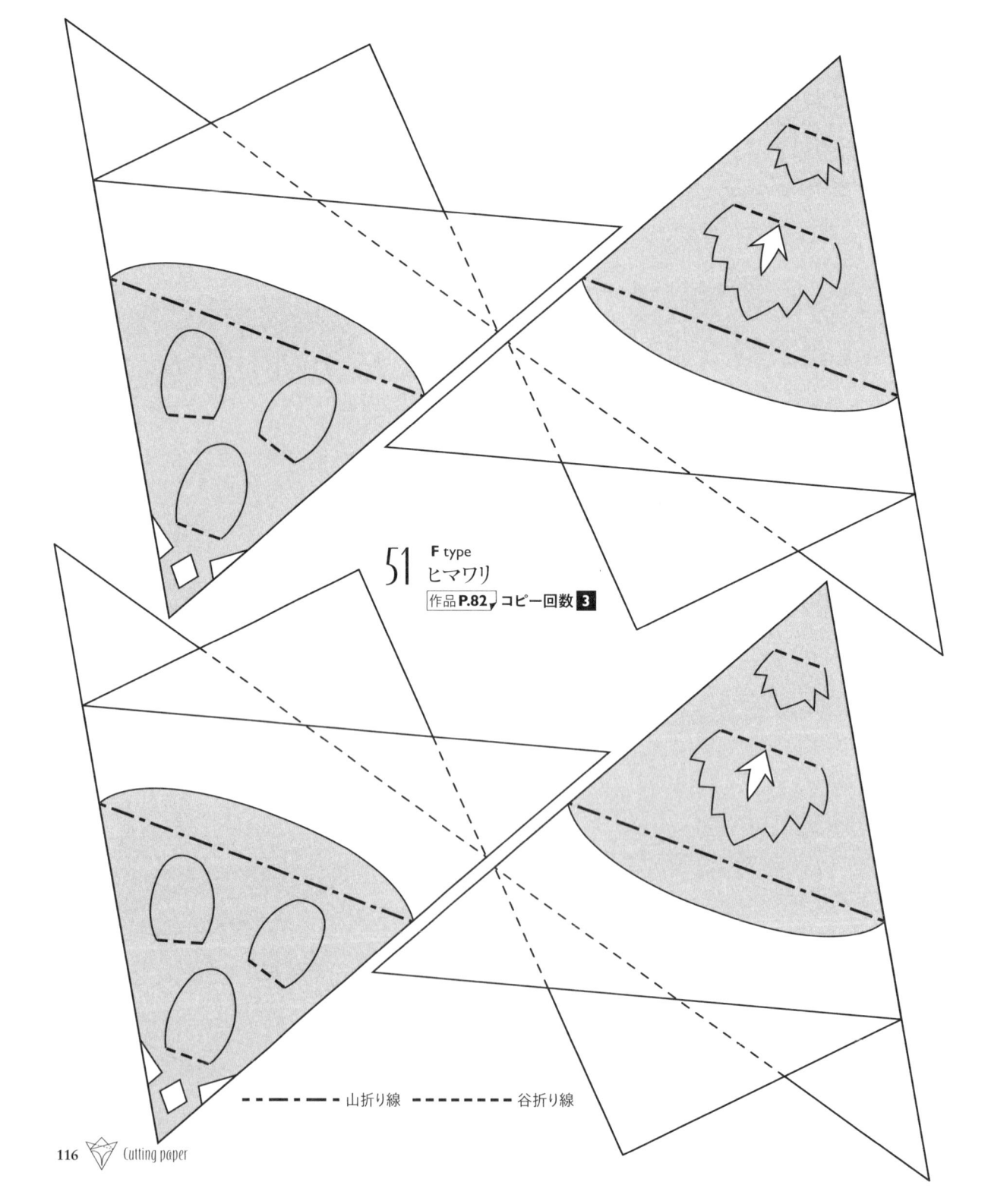

51 **F** type
ヒマワリ
作品 **P.82**　コピー回数 **3**

―・―・― 山折り線　　――――― 谷折り線

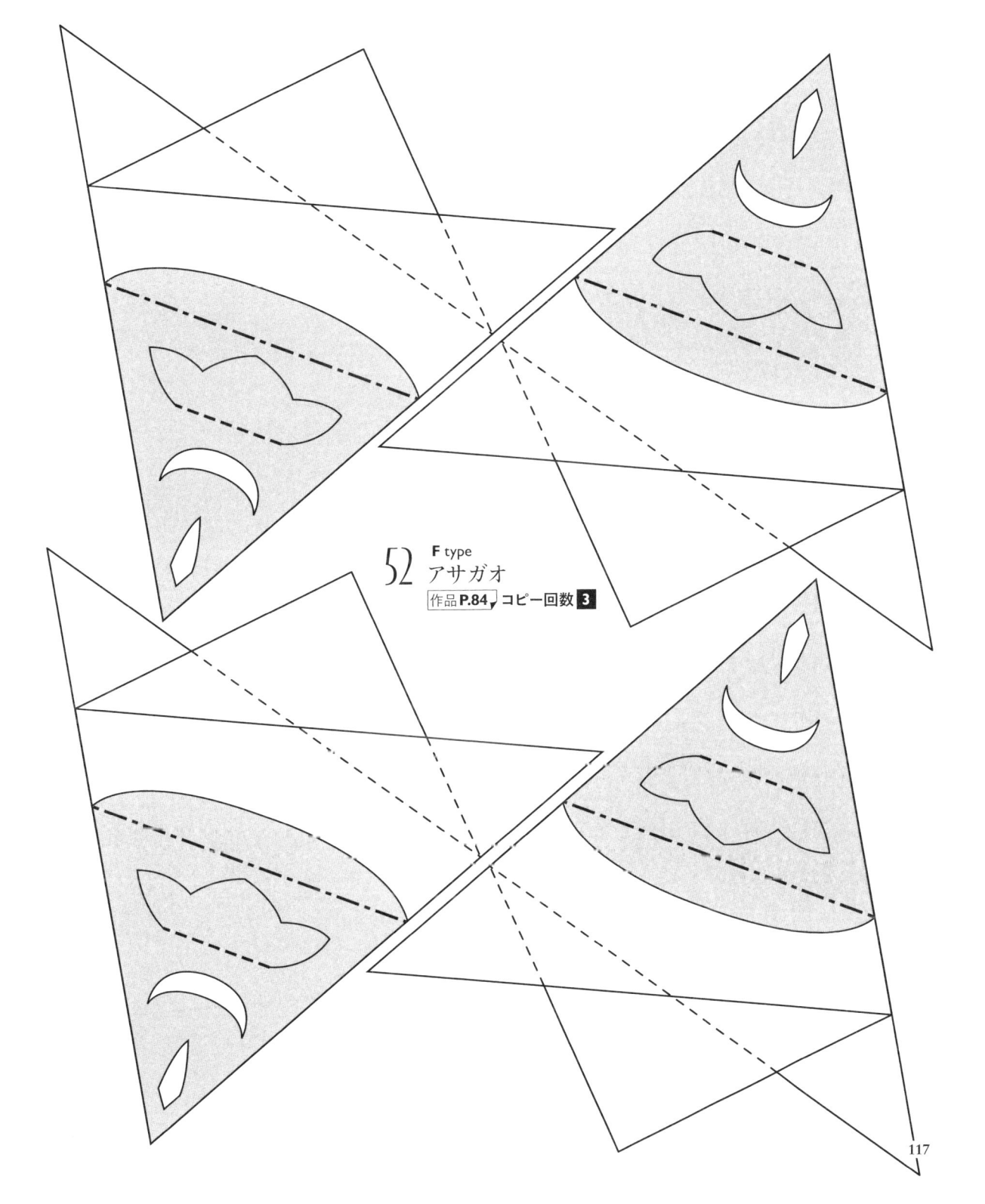

52 **F** type
アサガオ
作品 **P.84** コピー回数 **3**

53 F type
バラ

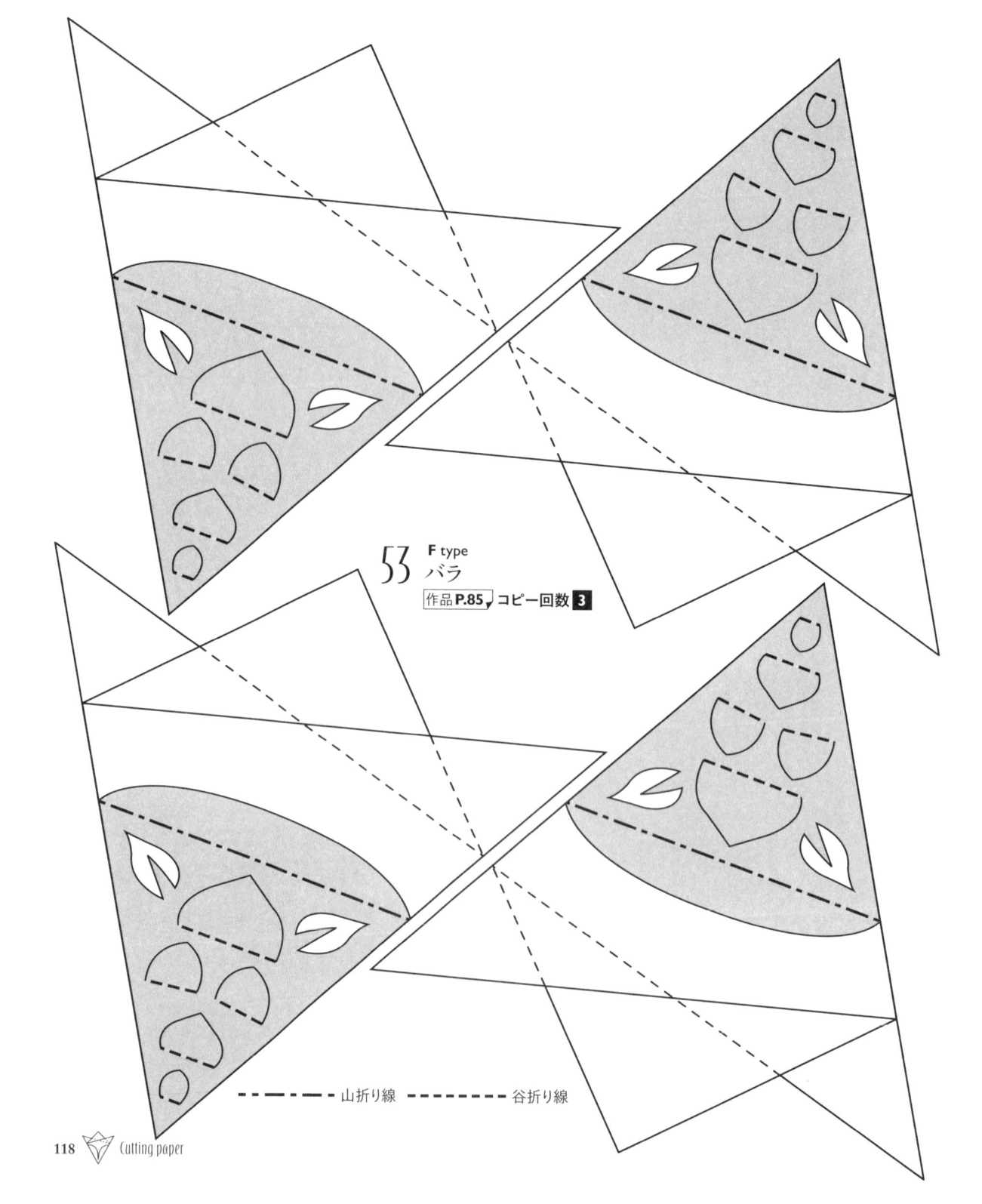

作品 P.85　コピー回数 3

—·—·— 山折り線　　------- 谷折り線

54 F type 雪の花

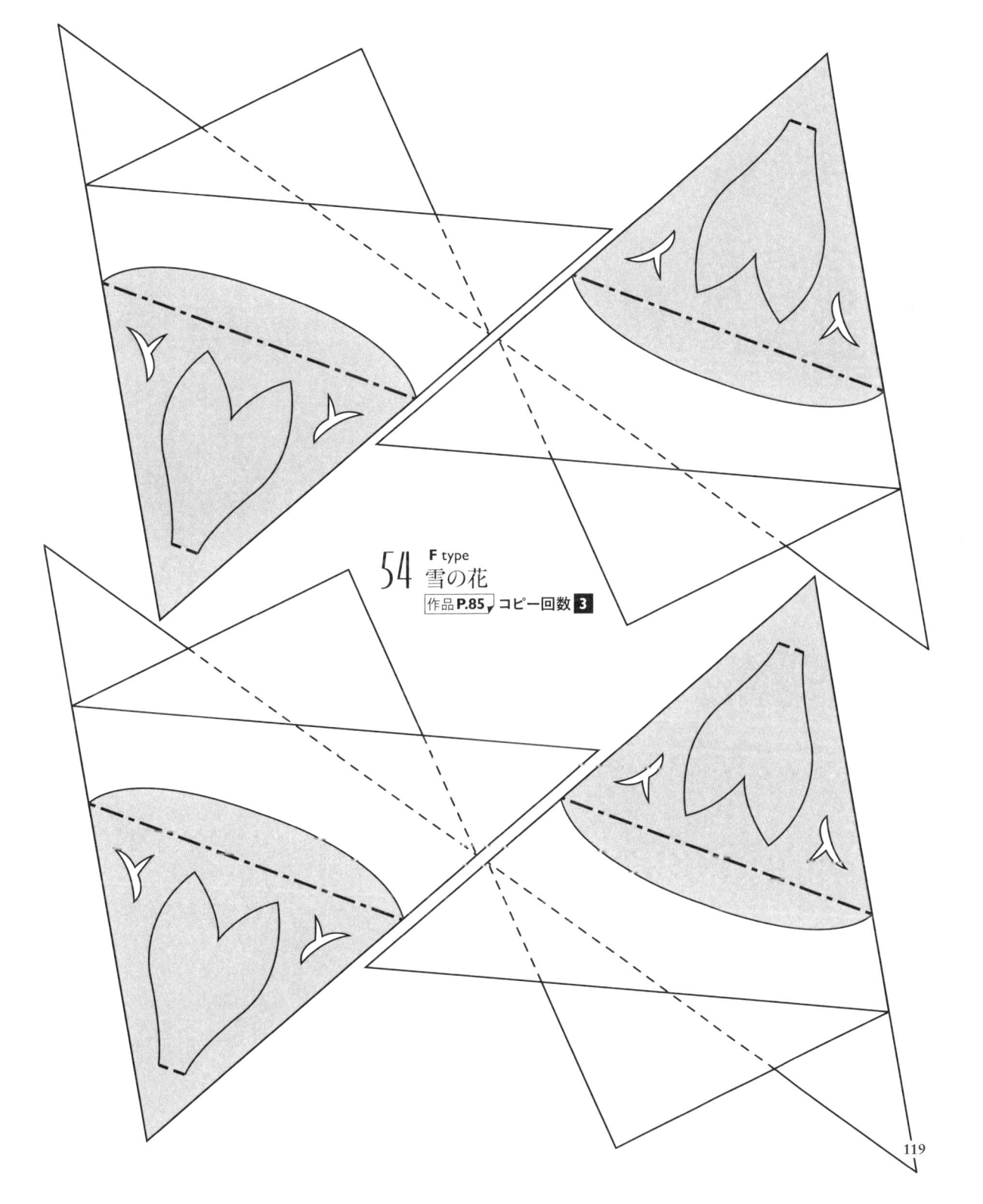

作品 P.85　コピー回数 3

41 ᴇ type 花手まり
作品 P.68　コピー回数 3

09 ʙ type 桜の星 6頂点
作品 P.38　コピー回数 2

10 ʙ type 桜の星 7頂点
作品 P.38　コピー回数 2

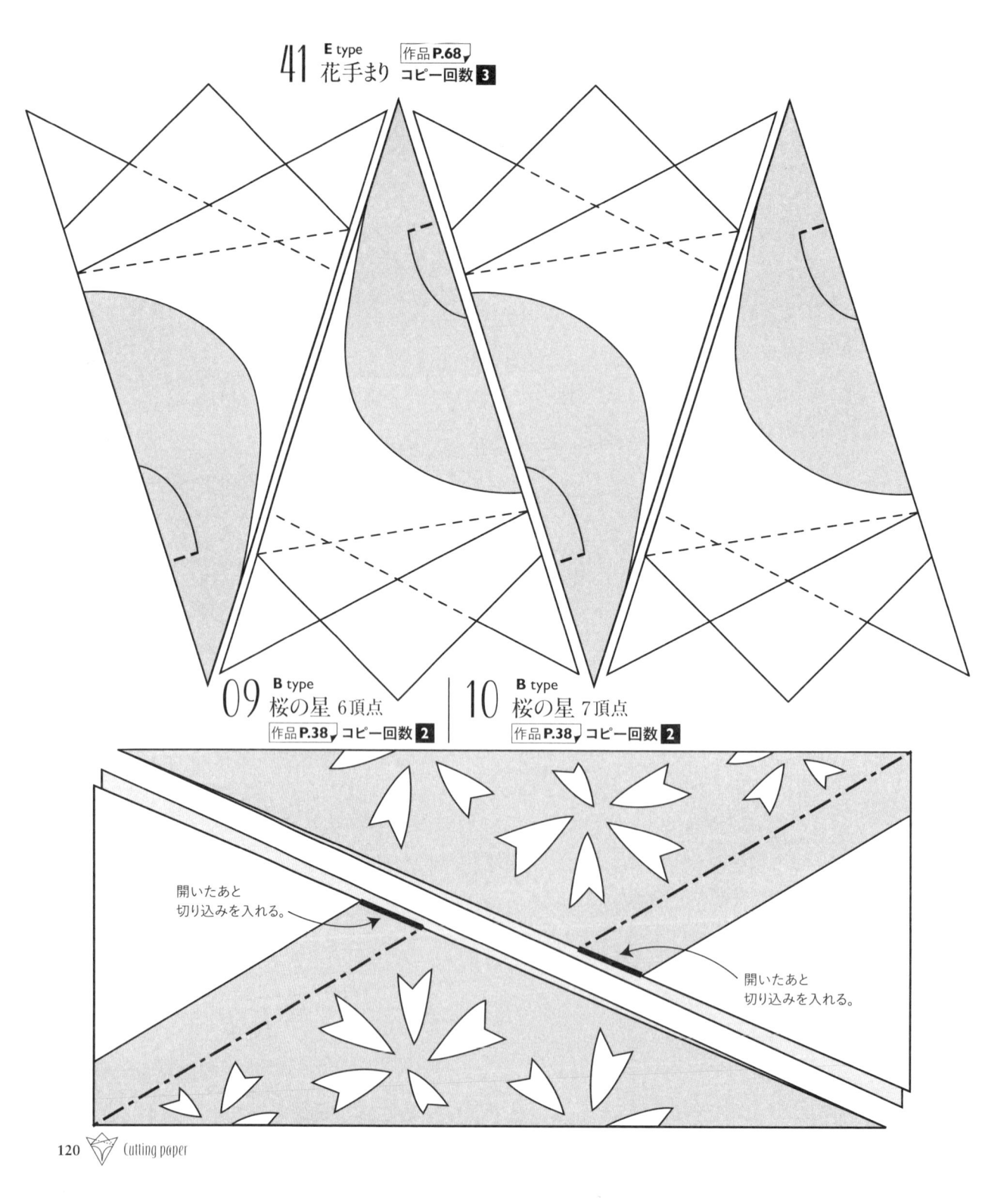

開いたあと切り込みを入れる。

開いたあと切り込みを入れる。

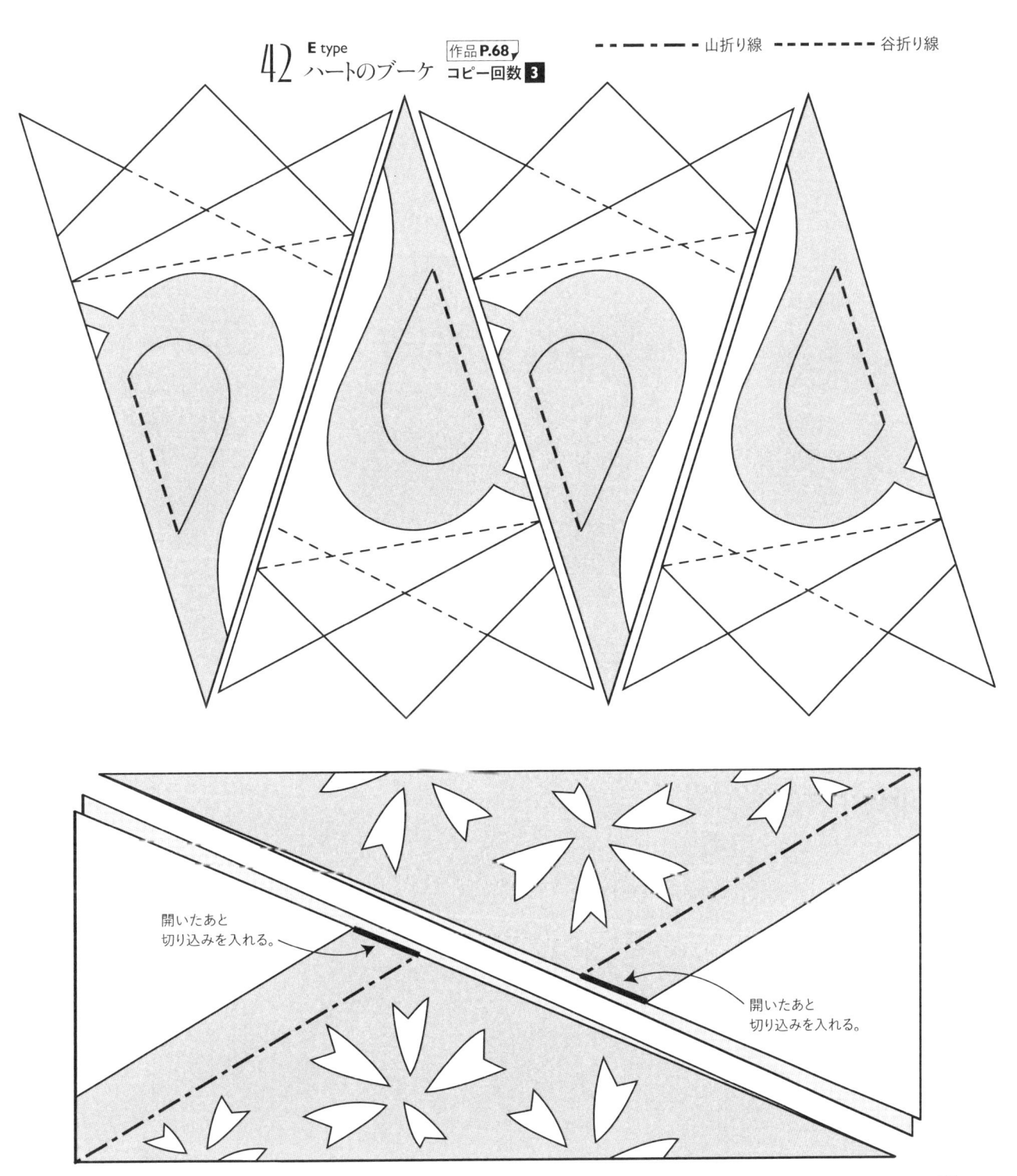

42 E type ハートのブーケ 作品 P.68 コピー回数 3

―・―・― 山折り線　　――――― 谷折り線

開いたあと
切り込みを入れる。

開いたあと
切り込みを入れる。

43 E type トロピカル・フラワー
作品 P.69 コピー回数 3

花のほかに、「花の芯の作り方」(P.16)を見て、花の芯を8つ作ってください。

11 B type 七夕飾り 6頂点
作品 P.39 コピー回数 2

12 B type 七夕飾り 7頂点
作品 P.39 コピー回数 2

開いたあと切り込みを入れる。

開いたあと切り込みを入れる。

Cutting paper

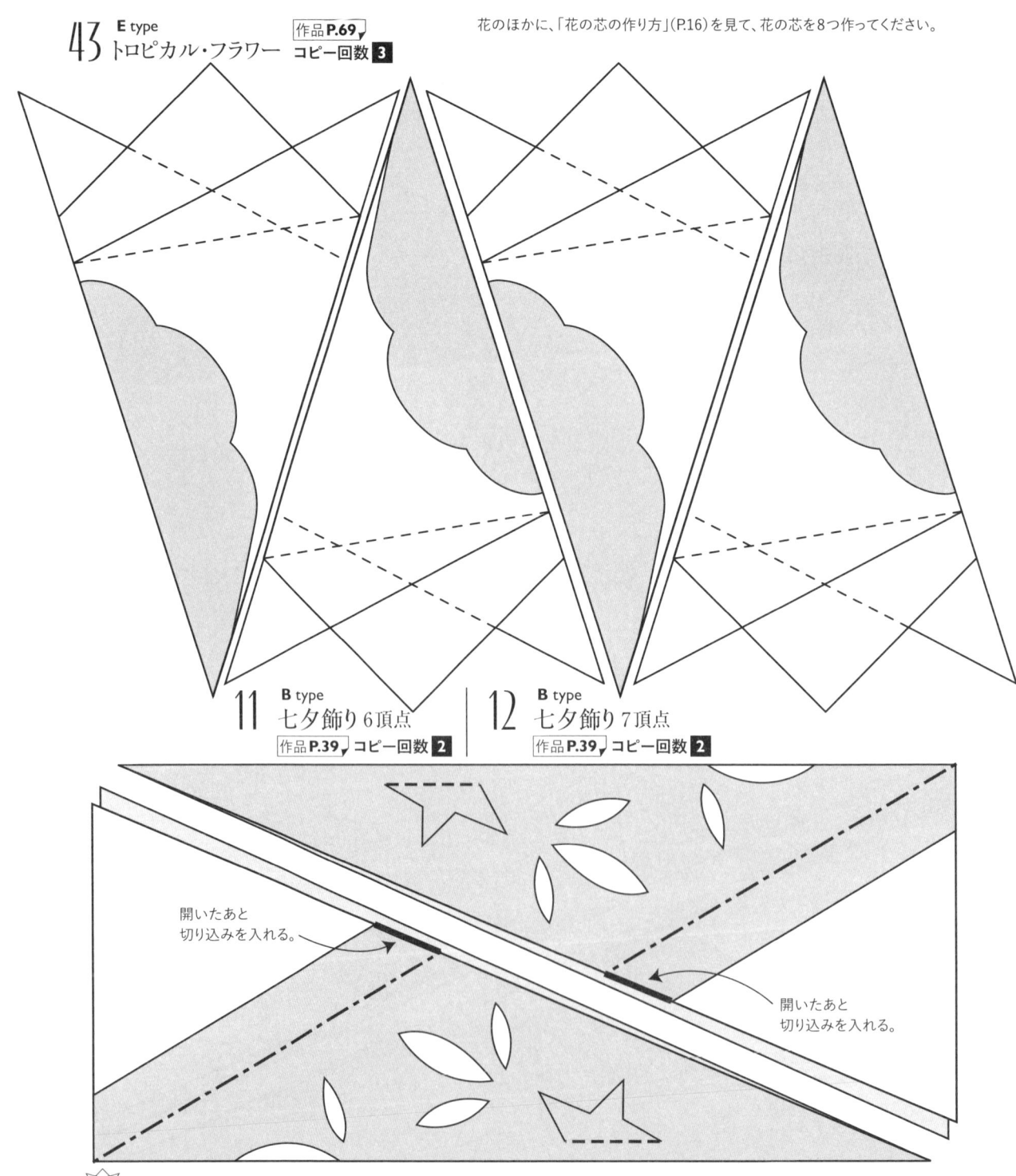

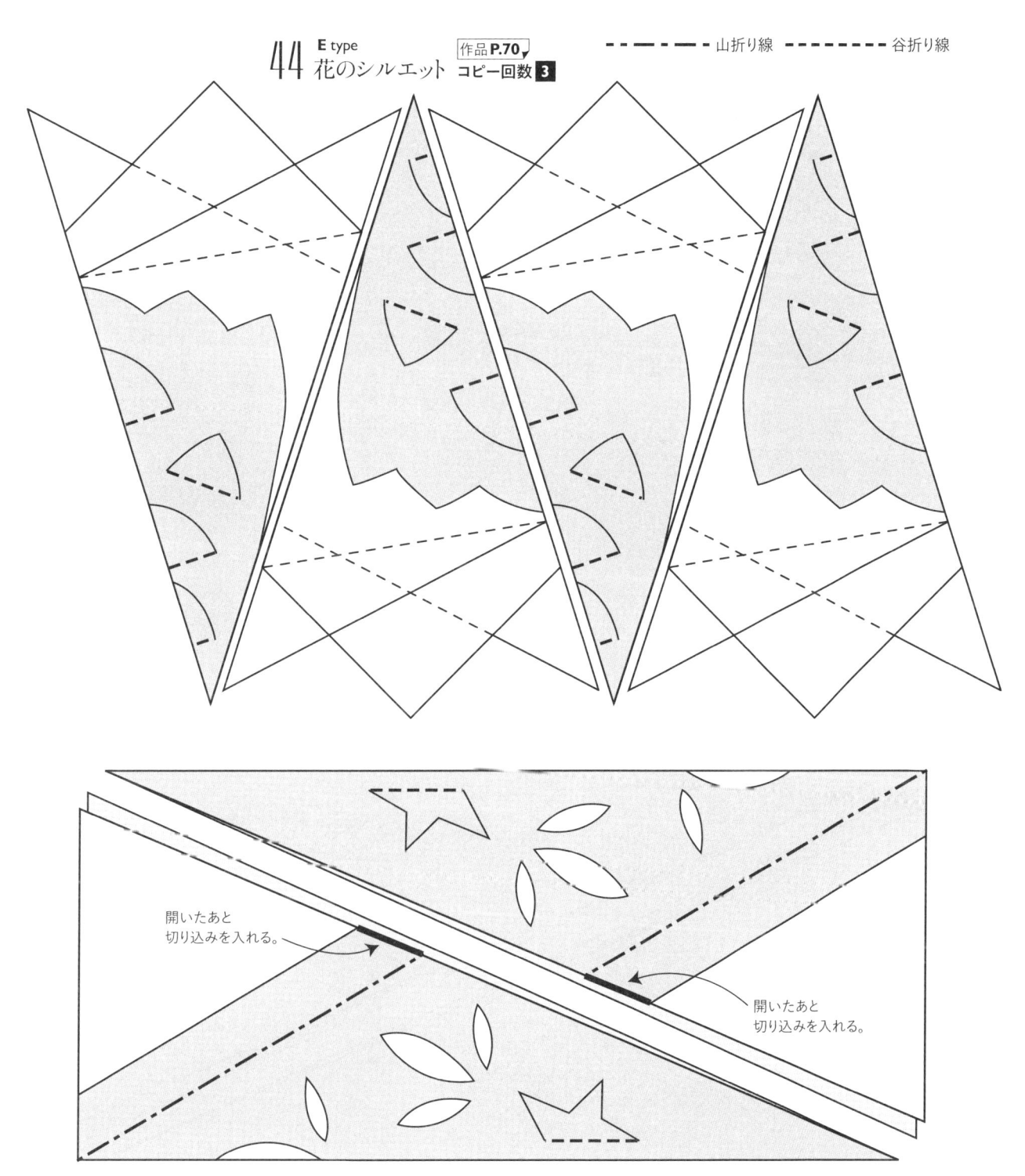

44 E type 花のシルエット 作品 P.70 コピー回数 3

——・—— 山折り線　-------- 谷折り線

開いたあと切り込みを入れる。

開いたあと切り込みを入れる。

45 E type お祝いの日・ハートのブーケ
作品 P.72 コピー回数 3

13 B type バラの星 6頂点
作品 P.40 コピー回数 2

14 B type バラの星 7頂点
作品 P.40 コピー回数 2

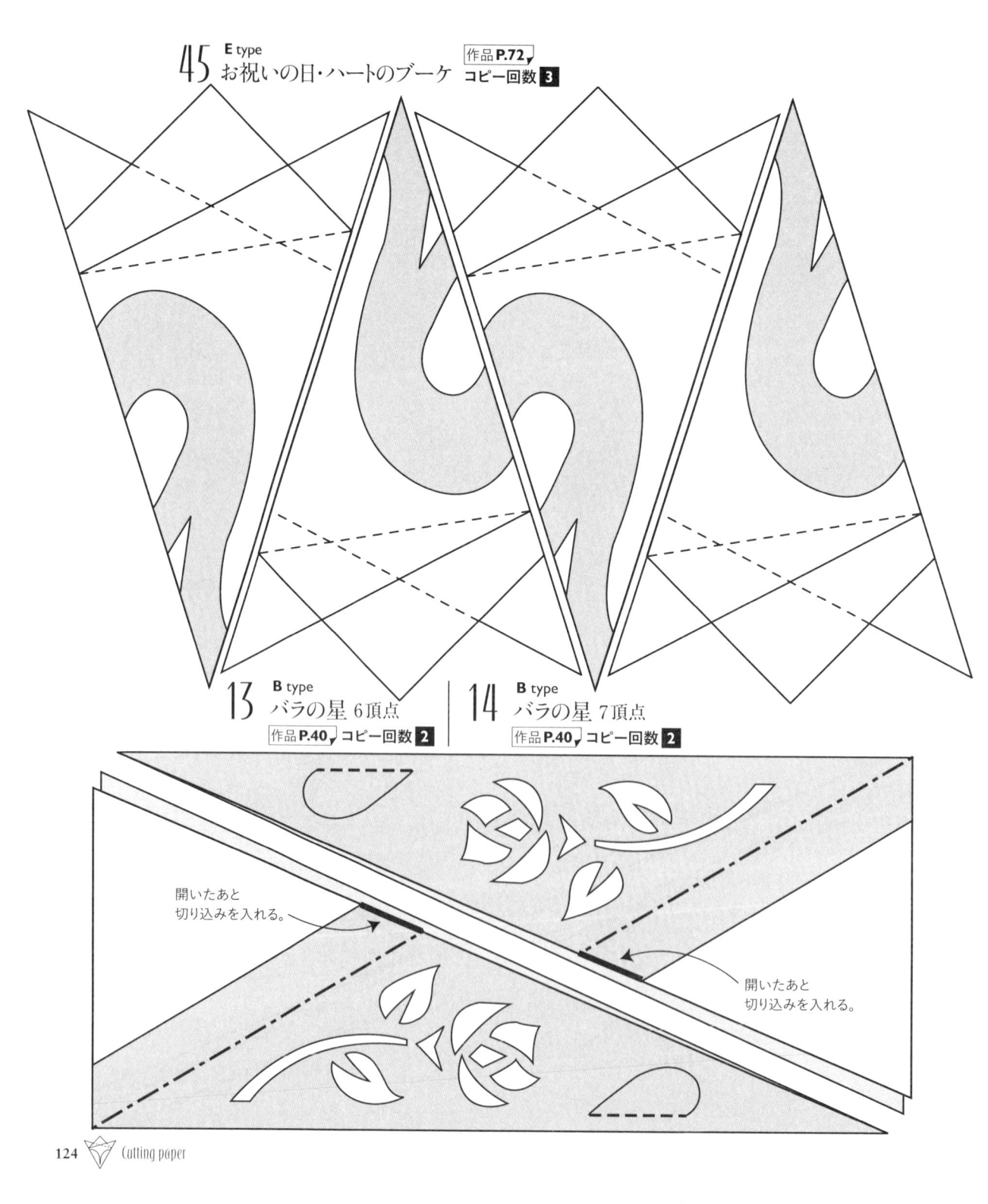

開いたあと切り込みを入れる。

開いたあと切り込みを入れる。

Cutting paper

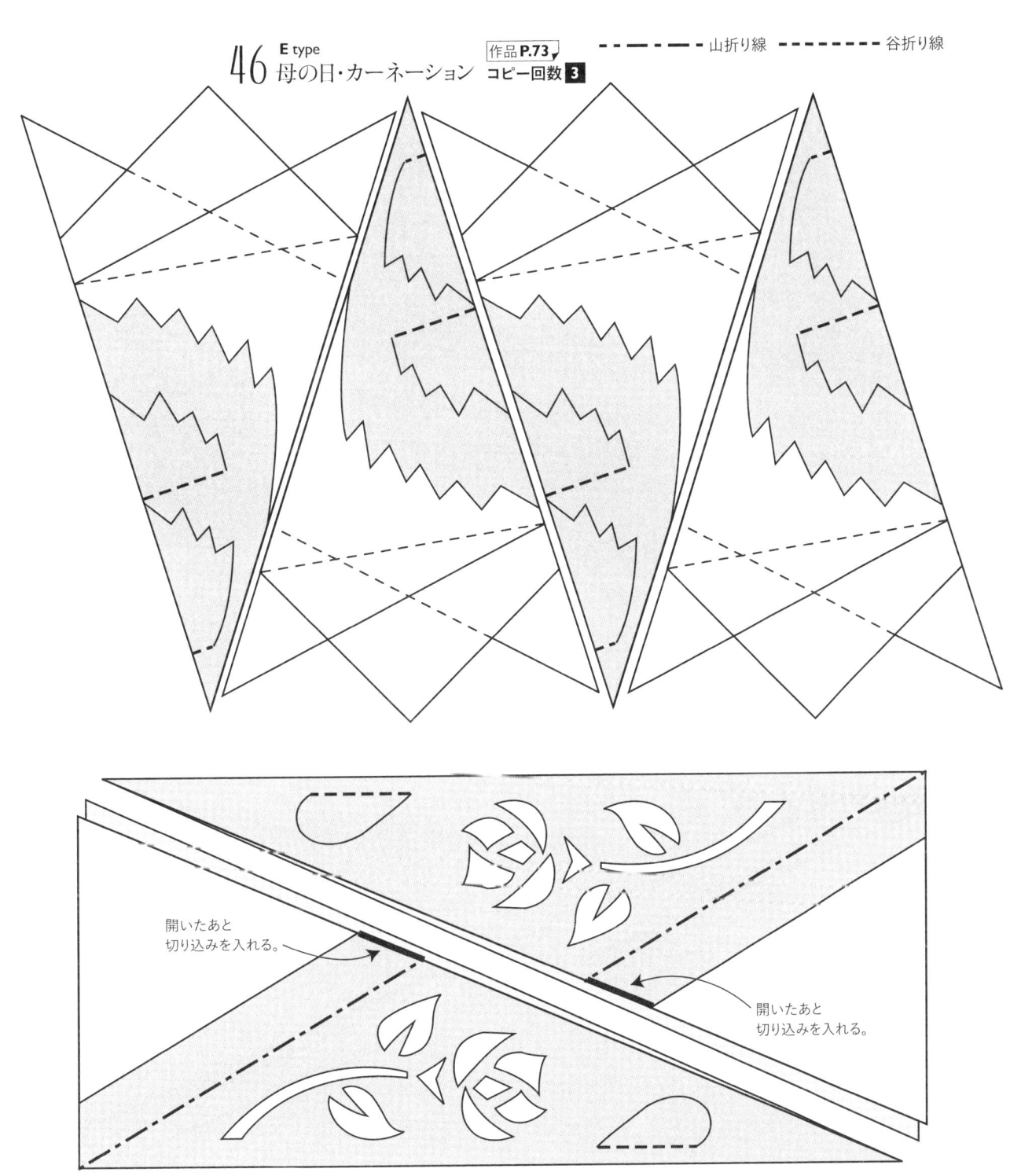

46 E type 母の日・カーネーション 作品 P.73 コピー回数 3

―・― 山折り線　　―――― 谷折り線

開いたあと切り込みを入れる。

開いたあと切り込みを入れる。

47 E type よろこびの日・祝い梅　作品 P.74　コピー回数 3

花のほかに、「花の芯の作り方」(P.16)を見て、花の芯を8つ作ってください。

15 B type クリスマス飾り 6頂点
作品 P.41　コピー回数 2

16 B type クリスマス飾り 7頂点
作品 P.41　コピー回数 2

開いたあと切り込みを入れる。

開いたあと切り込みを入れる。

126　Cutting paper

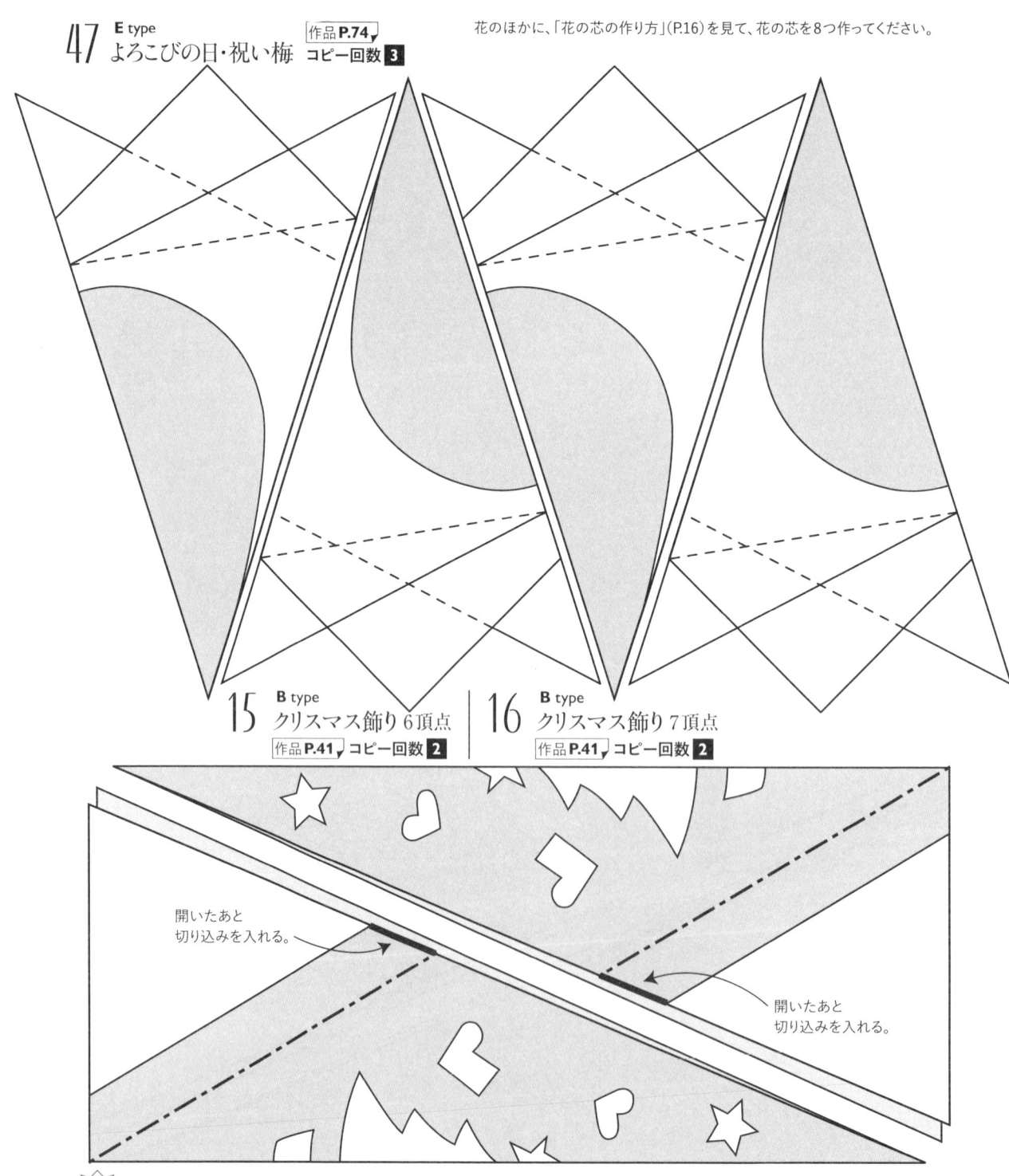

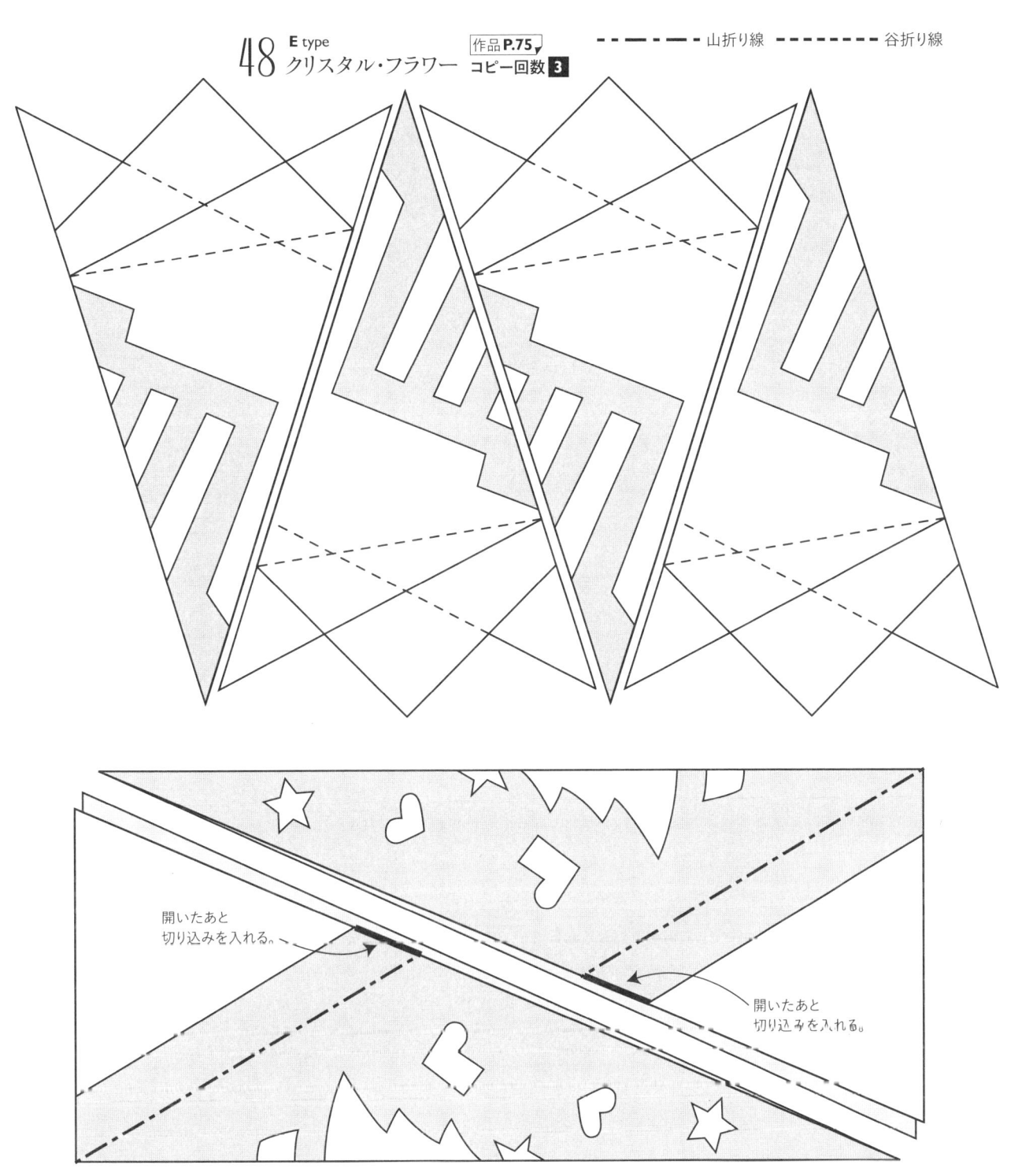

48 E type クリスタル・フラワー 作品 P.75 コピー回数 3

─ ･ ─ 山折り線   ─ ─ ─ 谷折り線

開いたあと切り込みを入れる。

開いたあと切り込みを入れる。

父・清次郎の傘寿を祝いながら作りそろえた作品で、
ひと手間ごとに長寿や健やかな
毎日に感謝する心を込めました。
「久寿玉」と呼ばれる作品にふさわしい仕上がりでしょうか。
言葉だけでは照れくさい気持ちを伝えるときに、
手作りのくす玉が場を和ませ、
話し始める糸口になればいいと、願います。

（大原まゆみ）

著者
大原まゆみ

造形作家、グラフィックデザイナー。折り紙・切り紙といった、紙を素材とした制作を中心に、陶芸やフラワー・アレンジメントでもイメージの表現を試み、暮らしのなかで落ち着いた存在感を放つ作品を創作している。

著書に『完全マスター 切り紙レッスン』『もっとうまくなる 切り紙レッスン』『立体切り紙レッスン』『紙細工のおみせやさん』『傑作 開いてびっくり切り紙あそび』『花の模様切り紙』『干支の切り紙』『透かし切り紙』『透かし折り紙』『恐竜の切り紙』『福を招くおめでたい切り紙』『和のこよみ切り紙』『昆虫の切り紙』『花の立体切り紙』『切り紙でつくる花の飾りもの』『作って遊ぶ切り紙の動物園・水族館』『花の合わせ切り紙』『和の切り紙200選』『介護の現場で使える ブロックおりがみ』『子どもがよろこぶ、しりとり切り紙170作品』(すべて誠文堂新光社刊)、『くらしを彩る 美しい切り紙』(永岡書店刊)、『そのまま作れる 切り紙練習帳』(成美堂出版刊)など多数。京都市在住。

切ったパーツを貼り合わせてかんたんにできる
切り紙でつくる花のくす玉

NDC754.9

2016年3月10日　発　行

著　者　大原まゆみ
発行者　小川雄一
発行所　株式会社 誠文堂新光社
　　　　〒113-0033　東京都文京区本郷3-3-11
　　　　（編集）TEL03-5805-7285
　　　　（販売）TEL03-5800-5780
　　　　http://www.seibundo-shinkosha.net/

印刷・製本　図書印刷株式会社

©2016, Mayumi Ohara.
Printed in Japan

検印省略
万一乱丁・落丁本の場合はお取り換えいたします。
本書掲載記事の無断転用を禁じます。

本書のコピー、スキャン、デジタル化等の無断複製は、著作権法上での例外を除き禁じられています。
本書を代行業者等の第三者に依頼してスキャンやデジタル化することは、たとえ個人や家庭内での利用であっても著作権法上認められません。

Ⓡ〈日本複製権センター委託出版物〉
本書の全部または一部を無断で複写複製（コピー）することは、著作権法上での例外を除き禁じられています。
本書からの複写を希望される場合は、日本複製権センター（JRRC）の許諾を受けてください。
JRRC (http://www.jrrc.or.jp/　E-Mail:jrrc_info@jrrc.or.jp　TEL03-3401-2382)

ISBN978-4-416-61677-2

Staff
企画・編集　　オオハラヒデキ
撮影　　　　　蜂巣文香
スタイリング　石井佳苗
装丁・デザイン　望月昭秀＋境田真奈美（NILSON）
撮影協力　　　山口美紀子・和泉奈津子